Auf den Punkt gebracht

Deutscher Lernwortschatz zur Textarbeit

Auf den Punkt gebracht

Deutscher Lernwortschatz zur Textarbeit

Ernst Klett Sprachen GmbH
Stuttgart

1. Auflage   1 4 3 2 1 | 2016 15 14 13

Alle Drucke dieser Auflage sind untereinander unverändert und können im Unterricht nebeneinander benutzt werden. Die letzte Zahl bezeichnet das Jahr dieses Druckes.

© Ernst Klett Sprachen GmbH, Rotebühlstr. 77, 70178 Stuttgart, 2013.
Alle Rechte vorbehalten.
Internetadresse: www. klett.de / www.lektueren.com

Konzeption: Christoph Wurm
unter Mitwirkung von Petra Eichler

Englische Übersetzung: Ian Mills

Redaktion: Lucie Palisch
Layoutkonzeption: Ulrike Wollenberg
Umschlaggestaltung: Sandra Vrabec
Satz: Satzkasten, Stuttgart
Druck: AZ Druck und Datentechnik GmbH, Kempten
Printed in Germany

ISBN 978-3-12-519567-7

Inhalt

Lernen mit *Auf den Punkt gebracht* 7

1 | Etwas erzählen 9
    1.1 Einführung: eine Geschichte zeitlich einordnen 9
    1.2 Eine Geschichte strukturieren 10
    1.3 Schluss, Zusammenfassung 11

2 | Über historische Abläufe und Ereignisse sprechen 12
    2.1 Historische Ereignisse 12
    2.2 Historische Zusammenhänge 12
    2.3 Ursachen und Konsequenzen historischer Ereignisse 13
    2.4 Vergangenheit und Gegenwart 14

3 | Über Zeitungen und Zeitschriften sprechen 15
    3.1 Die Presse 15
    3.2 Zeitungserscheinungen 15
    3.3 Textsorten 16
    3.4 Zeitungen lesen 16
    3.5 Einen Artikel analysieren 17
    3.6 Reaktionen nach der Lektüre eines Artikels 19

4 | Narrative Texte und Dramen erläutern 20
    4.1 Textsorten 20
    4.2 Erzählperspektiven und –techniken 20
    4.3 Handlung 21
    4.4 Personen 22
    4.5 Charakter der Personen 23
    4.6 Raum und Zeit 26
    4.7 Gesamteindruck 26
    4.8 Aufführung eines Theaterstückes 26

5 | Gedichte und Lieder interpretieren 28
    5.1 Gattungen 28
    5.2 Bauelemente lyrischer Texte 28
    5.3 Lyrische Sprache 29
    5.4 Das lyrische Ich 30

6 | Bilder beschreiben 31
    6.1 Arten von Abbildungen 31
    6.2 Komposition 31
    6.3 Personen und Objekte 32
    6.4 Umgebung 32
    6.5 Ein Bild analysieren 33
    6.6 Einen Comic analysieren 33
    6.7 Einen Stadtplan oder eine Karte lesen 34

7 | Mit audio-visuellen Medien arbeiten **35**
    7.1 Darstellungsformen 35
    7.2 Filmemacher 35
    7.3 Einen Film analysieren 36
    7.4 Einen Dialog analysieren 37
    7.5 Das Aussehen, die Mimik und die Gestik einer Person 37

8 | Schriftverkehr **39**
    8.1 Eine SMS schreiben 39
    8.2 Eine Reservierung machen 39
    8.3 Eine Bestellung aufgeben 40
    8.4 Sich informieren 41
    8.5 Sich als Au-pair bewerben 42
    8.6 Eine Beschwerde schreiben 43

9 | Begriffe erklären **44**

10 | Probleme analysieren **45**
    10.1 Probleme benennen und die Ursachen ermitteln 45
    10.2 Reaktionen auf das Problem 46
    10.3 Konsequenzen 46

11 | Statistiken, Diagramme und Grafiken beschreiben **48**

12 | Texte zitieren und wiedergeben **52**

13 | Die Sprache eines Textes analysieren **54**
    13.1 Arten der Beschreibung 54
    13.2 Stilmittel 55

14 | Die Intention des Autors bestimmen **56**

15 | Etwas zusammenfassen **57**

16 | Meinungen äußern **58**
    16.1 Nach der Meinung fragen 58
    16.2 Eigene Meinung äußern 58
    16.3 Zustimmung und Widerspruch 60
    16.4 Unschlüssigkeit und Gleichgültigkeit ausdrücken 61
    16.5 Zusammenfassung einer Diskussion 61

17 | Ein Referat oder eine mündliche Präsentation halten **62**

Alphabetisches Verzeichnis der deutschen Stichwörter **63**
Alphabetisches Verzeichnis der englischen Stichwörter **73**

Lernen mit *Auf den Punkt gebracht*

Wer?

Dieser Lernwortschatz ist für Deutschlernende mit geringen Vorkenntnissen konzipiert. Er vermittelt die Grundlagen für die **Textanalyse** und erleichtert den Einstieg in die eigene **Textproduktion**.
Dieser Lernwortschatz ist bereits für die erste Textarbeit geeignet und sowohl für das Selbststudium als auch im Unterricht einsetzbar.

Was?

Auf den Punkt gebracht enthält – nach zentralen **Kompetenzen** geordnet – die wichtigsten ca. 1200 Vokabeln, Ausdrücke und Wendungen, die beim Sprechen oder Schreiben über Texte und Filme benötigt werden. Es umfasst vor allem den nötigen Wortschatz für die Analyse von Texten, zur Benennung der Autorenintention, zur Bildbeschreibung sowie zur eigenen Textproduktion (etwa von Inhaltsangaben, argumentativen Texten, verschiedenen Arten von Briefen).
Die Gliederung erlaubt zielgerichtetes Lernen in übersichtlichen, in sich abgeschlossenen Einheiten, die in einer individuellen, lehrplanbedingten oder themenabhängigen Reihenfolge dossiert werden können. Mehrfach benötigte Ausdrücke werden in jedem Kapitel wiederholt; nur innerhalb eines Kapitels werden sie in der Regel nach dem ersten Auftauchen als bekannt vorausgesetzt.

Wie?

Jede Seite ist zweigeteilt: In der linken, breiteren Spalte werden die zu lernenden Vokabeln und Wendungen im Satzzusammenhang präsentiert, der deutsche Lernwortschatz ist dabei fett gedruckt. Rechts finden sich die englischen Übersetzungen dieser Vokabeln und Wendungen.
Am Ende des Buches ermöglicht ein Register mit allen deutschen und englischen Stichwörtern das rasche Auffinden von Vokabeln. Sie bieten zusätzliche grammatikalische Informationen, die aus dem Satzzusammenhang des Textteils nicht immer hervorgehen, zum Beispiel das Genus der Substantive durch die Beigabe des Artikels oder die Formen der starken Verben.

1 Etwas erzählen

1.1 Einführung: eine Geschichte zeitlich einordnen

Eines Tages		one day
Gestern		yesterday
Vorgestern	rief mich mein Freund Wofgang an.	the day before yesterday
Neulich/kürzlich		recently
Am 3. März		on 3rd March
Vor Kurzem		just/a short while ago

Gestern Morgen		yesterday morning
Gestern Nachmittag		yesterday afternoon
Gestern Abend	hat er sich verlobt.	yesterday evening
Gestern Nacht		last night
Vorgestern Abend/Nacht		the evening/night before last

Am Morgen				on the morning of
Am Abend	des 1. August		wird er heiraten.	on the evening of
Am Nachmittag				on the afternoon of
In der Nacht vom Samstag **zu** Sonntag				in the night from … to …

Anfang Januar		at the beginning of January
Mitte des Jahres		in the middle of the year/ mid-(*and year*, e.g. mid-1996)
Ende des Monats	lernte er seine Freundin kennen.	at the end of the month
Im Jahr(e) 1996		in the year 1996
1996		in 1996

Zur damaligen Zeit		in those days
Damals	lebte Wolfgang noch bei seinen Eltern.	back then/at that time
Zu dem Zeitpunkt		at that time/at that particular time

Montags		on Mondays
Morgens		in the morning/in the mornings
Täglich		daily/every day
Jährlich	fuhr er mit dem Bus zur Arbeit.	annually/every year/yearly
Jeden Tag		every day
Jede Woche		every week
Jeden Monat		every month
Jedes Jahr		every year

1 Etwas erzählen

Manchmal		sometimes/at times
Ab und zu		now and again/from time to time/once in a while
Oft	sah er im Bus eine junge Frau.	often
Häufig		frequently
Selten		seldom, rarely
Tagaus, tagein		day in, day out
Gewöhnlich		usually/normally
Normalerweise	ist er etwas schüchtern.	normally/typically
In der Regel		as a rule

1.2 Eine Geschichte strukturieren

Zuerst	hatte er sie nur beobachtet.	at first
Erst einmal		first of all
Dann		then
Danach		thereafter/after that/subsequently
Später	fasste er sich ein Herz und sprach sie an.	later
Daraufhin		as a result/subsequently/thereupon
Anschließend		afterwards/following
Fünf Minuten **später**	hatte er schon ihre Telefonnummer.	later
Ein paar Tage **danach**		later/after
Nach dem ersten Treffen	schenkte er ihr einen Ring.	after
Nachdem sie sich getroffen hatten,		after/once
Als*	wir telefonierten, klingelte es an der Tür.	when
Während		during
Solange		as long as
Inzwischen		meanwhile/in the meantime
Währenddessen	ist es spät geworden.	in the meantime
Unterdessen		meanwhile/in the meantime
Mittlerweile		meanwhile
Vor dem Anruf		before the meeting
Zuvor	verabredete ich mich mit Anne.	before/beforehand
Bevor mich Wolfgang anrief,		before
Sobald	ich fertig bin, gehen wir ins Kino.	as soon as
Wenn		when

* Bei einmaligen Prozessen in der Vergangenheit wird die Konjunktion *als* verwendet, bei wiederholten Prozessen die Konjunktion *wenn*.

Plötzlich		suddenly
Auf einmal	wurde Anne ungeduldig.	all at once/suddenly
Sofort		as soon as/straight away
Nach und nach		gradually/bit by bit

Ich habe sie warten lassen,	**bis** sie keine Lust mehr hatte.	until
	bis zur Ewigkeit.	for ages

1.3 Schluss, Zusammenfassung

Schließlich		finally
Am Ende	haben wir uns versöhnt.	in the end
Zum Schluss		to conclude/in the end

2 | Über historische Abläufe und Ereignisse sprechen

2.1 Historische Ereignisse

| Der Erste Weltkrieg | **begann**
endete
ging zu Ende | im Jahre … | began/started
ended/finished/concluded
came to an end |

Die Weimarer Republik **dauerte von … bis …** lasted from … to …
Die Entdeckung Amerikas **fand** im Jahre 1492 **statt**. took place/happened/occured

| Der König | **wurde** am … **geboren**.
starb im Jahre …
herrschte von … bis … | was born on …
died in
reigned from … to …. |

In dieser **Epoche** epoche/age/era
Im 15. **Jahrhundert** century
Im ersten **Jahrzehnt**   fanden die großen Entdeckungen statt.   decade
Im Laufe des Jahrhunderts in the course of the century

| Der Zweite Weltkrieg ist | eine **Tatsache**.
ein **Ereignis**.
ein **historisches Ereignis**. | fact
event/occurance
historical event |

Wir sprechen von einer **historischen Begegnung** zwischen Adenauer und de Gaulle. historical meeting/encounter
1945 war ein **entscheidendes Datum** für Europa im Krieg. decisive/important date

2.2 Historische Zusammenhänge

Man muss **den Gesamtzusammenhang** einer Epoche betrachten. the overall context/the big picture
Die deutsche Gesellschaft **hat sich** in dieser Zeit grundlegend **geändert**. changed
Wir sprechen von einer Epoche, die **durch** drei Aspekte **gekennzeichnet ist**. characterised by …

Erstens … first
Zweitens … second
Drittens … third

Ursachen und Konsequenzen historischer Ereignisse 2.3

In dieser Epoche	vollzog sich ein **Wandel**.		underwent a change/transition
	tauchte ein **Konflikt auf**.		conflict emerged
	entwickelte sich ein Streit zwischen den Großmächten.		a dispute developed
	kam es zu Spannungen zwischen den Großmächten.		tensions grew

Die Länder **durchliefen**	eine **Krise**.	went through a crisis
	eine **Übergangszeit**.	went through a period of transition/change

Es handelt sich um eine	**rasante**	**Entwicklung**.	rapid development
	allmähliche		gradual
	langsame		slow

Der Veränderungsprozess **lässt sich** in mehrere **Etappen/Phasen einteilen**. can be divided into many/numerous steps/phases

Anfangs		in the beginning/to begin with
Dann		then
Danach		after, thereafter
Schließlich		finally
Am Ende		in the end
Von … bis …	war dieses Gebiet **Schauplatz** von Gefechten.	from … until …
Allmählich		gradually
Lange Zeit		(for) a long time
Jahrzehntelang		decades, for decades
Jahrhundertelang		for centuries, over the centuries
Im Jahre …		in the year (historical date)
1914		in 1914
Seit …		since (plus date/year)

Bis vor Kurzem hatte man die Epoche völlig anders interpretiert. until recently

2.3 Ursachen und Konsequenzen historischer Ereignisse

Das politische Regime ist	**aufgrund**		on account of/due to
	infolge	interner Probleme gefallen.	because of/as a consequence of/as a result of
	wegen		because of/as a result of
	auf Grund von	internen Problemen gefallen.	because of/due to

Die **Gründe**	dieser Änderung sind verschieden.	reason
Die **Ursachen**		cause

Die Kolonisation ist der **Ursprung** des Problems. root/origin/source

Der **Anlass**	war die Verarmung der Bevölkerung.	cause
Der **Grund**		reason

2 Über historische Abläufe und Ereignisse sprechen

Dieses Ereignis	**rief** eine Krise **hervor**.	caused/sparked
	verursachte eine Krise.	caused/provoked/induced
	führte zur Abwanderung.	led to
	hatte die Abwanderung **zur Folge**.	gave rise to
Die Abwanderung	lässt sich **auf** dieses Ereignis **zurückführen**.	attributed to/traced back to
	geht auf dieses Ereignis **zurück**.	goes back to
Die Steigerung der Arbeitslosigkeit war	die **Folge** der Wirtschaftskrise.	result/consequence
	das **Ergebnis**.	result

2.4 Vergangenheit und Gegenwart

Die Geschichte lehrt uns	zu **relativieren**.	relativise/put into perspective
	die Gegenwart mit der Vergangenheit zu **vergleichen**.	compare

Die **Sitten**		conventions/manners
Die **Gewohnheiten**	wurden von Generation zu Generation	habits/customs
Die **Bräuche**	überliefert.	customs/habits/tradition
Die **Traditionen**		tradition

Man kann immer noch	die **Spuren**	der Vergangenheit entdecken.	marks/traces
	die **Reste**		remains

Die Situation hat sich (nicht)	**gebessert**.	improved
	verschlechtert.	worsened
	stabilisiert.	stabilised

Die Beziehungen zwischen diesen Ländern waren immer	**ambivalent**.	ambivalent
	gut.	good
	konfliktreich.	conflictual
	problematisch.	problematic

In der jetzigen Zeit sind die Länder nicht isolliert.		at the present time/
Heutzutage	existiert dieses Problem nicht.	nowadays
	dauert dieser Konflikt immer noch an.	

Die **Bilanz** dieses Prozesses ist eindeutig		balance
	positiv.	positive
	negativ.	negative

3 | Über Zeitungen und Zeitschriften sprechen

3.1 Die Presse

In Deutschland, so wie in anderen Ländern, gibt es die	**lokale** **regionale** **überregionale**	Presse.	local press regional national

Man spricht von der	**Fachpresse.** **Regenbogenpresse.** **Sensationspresse.** **Boulevardpresse.** **Tagespresse.**		specialised/trade /technical press tabloid /gutter/yellow (US) press gutter press gutter/popular press daily

Die Presse ist ein **Massenmedium**. — mass medium
Die Presse nutzt viele **Informationsquellen**. — sources of information

Die dpa, Deutsche Presse-Agentur, ist die größte **Nachrichtenagentur** Deutschlands. — press agency

Dieser Artikel ist in einer	**Zeitschrift** **Zeitung** **Tageszeitung** **Wochenzeitung** **Beilage**	erschienen.	magazine/journal/periodical newspaper/journal daily (news)paper weekly (news)paper insert

Das ist	der Verleger | die Verlegerin der Autor | die Autorin der Journalist | die Journalistin der Publizist | die Publizistin der Reporter | die Reporterin der Korrespondent | die Korrespondentin der (Chef)Redakteur | die (Chef)Redakteurin der Herausgeber | die Herausgeberin	dieser Zeitschrift.	publisher/issuer author journalist publicist reporter correspondent editor (editor-in-chief) publisher

3.2 Zeitungserscheinungen

Zeitungen werden nachts **gedruckt**. — printed
Diese Zeitschrift hat eine **hohe Auflage**. — high circulation

3 Über Zeitungen und Zeitschriften sprechen

Viele Leser	**abonnieren** eine Zeitung.	subscribe
	haben ein Abonnement.	to have a subscription

Die letzte Ausgabe der *Zeit* ist	**vergriffen**.	out of stock
	ausverkauft.	sold out

Viele Zeitschriften **erscheinen** regelmäßig.   appear/are published

	täglich.	daily
	jeden Tag.	every day
	wöchentlich.	weekly
	jede Woche.	every week
	14-täglich.	fortnightly
Diese Zeitschrift erscheint	**alle 14 Tage**.	every fortnight
	monatlich.	monthly
	jeden Monat.	every month
	alle zwei Monate.	bi-monthly
	vierteljährlich.	quarterly
	einmal pro Jahr.	annually
	online.	online

3.3 Textsorten

	einen Artikel.	article
	einen Leitartikel.	editorial
	eine Kolumne.	column
	einen Kommentar.	comment
	eine Reportage.	report
Es handelt sich um	**ein Feuilleton**.	feature/feuilleton
	eine Rezension.	review
	eine Anzeige.	advertisement
	einen Leserbrief.	letter to the editor
	einen Auszug aus einem Zeitungsartikel.	excerpt

Heute bringen alle Zeitungen die gleiche	**Nachricht**.	news
	Meldung.	report

Diese Nachricht	**sorgt für Schlagzeilen**.	is in the headlines
	macht Schlagzeilen.	makes headlines

3.4 Zeitungen lesen

Eine Zeitung kann man	**durchblättern**.	leaf/thumb through
	überfliegen.	browse through/fly over

Einen Artikel analysieren **3.5**

Man kann	sich in eine Reportage **vertiefen**.	immerse oneself in …
	in einen Artikel **eindringen**.	get in to
	einen Kommentar **analysieren**.	analyse

3.5 Einen Artikel analysieren

Der Autor gab dem Artikel	eine provokative **Überschrift**.	heading/caption
	einen provokativen **Titel**.	title
	eine provokative **Schlagzeile**.	headline

Der Titel **erregt** die **Aufmerksamkeit** des Lesers. — catches the attention of
Der Autor versucht die **Neugier** zu **wecken**, indem er den Leser anspricht. — awakes curiosty

Das **Thema** dieses Artikels ist die Integration. — subject/topic

Der Autor	**thematisiert** die Integration.	broaches the issues of
	skizziert das Thema der Arbeitslosigkeit.	sketches/outlines

Nach einer **ausführlichen**	**Einführung**		detailed introduction
Nach einer **kurzen**			short introduction
		behandelt der Autor das Problem …	handle/discuss/outline

Der Journalist	**befasst sich mit** dem Problem …	concerns him/herself with …/ studies/deals with/investigates
	spricht über die historischen Hintergründe.	talks about
	schreibt über die Ursachen.	writes about
	gibt eine detaillierte Beschreibung der Situation.	gives a detailed description of
	nennt alle **Einzelheiten**.	identifies all of the details/ particulars
	erzählt ausführlich **über** das Problem.	explains/reports on
	berichtet über die Schwierigkeiten.	reports on/about
	gibt ein wirklichkeitsgetreues Bild.	paints a realistic picture
	beschreibt das Phänomen.	describes
	erklärt die Hintergründe.	explains
	äußert seine Meinung zu dieser Angelegenheit.	gives/expresses
	legt seine Sicht der Dinge **dar**.	argues/demonstrates/presents
	stellt die Motive objektiv **dar**.	depicts/illustrates/displays

Der Autor	**befragte**	zuständige Richter.	interviewed/questioned
	interviewte	verschiedene Politiker.	interviewed
	zitiert		quoted

3 Über Zeitungen und Zeitschriften sprechen

Der Artikel enthält		**Zitate** **Berichte** **Aussagen**	von **Augenzeugen**.	quotes reports statements eyewitnesses
Der Verfasser	**bezieht sich auf** **beruft sich auf**	unterschiedliche **Quellen**. glaubwürdige **Dokumente**. offizielle **Texte**. das **Beweismaterial**. statistische **Daten**. **Statistiken**. **Ergebnisse**. eine **Untersuchung**. eine **Umfrage**. einen **konkreten Fall**. eine **Pressekonferenz**.		refers to invokes/refers to sources credible documents official texts evidence statistical data statistics results research/investigation survey/questionnaire specific case press conference
Der Autor verwendet verschiedene Methoden	**zur Veranschaulichung** **zum Unterstreichen**		der Situation.	as a way of illustrating/ by way of illustration to highlight/to emphasise
Seine Argumentation Seiner Argumentation	**stützt sich auf** **basiert auf** **mangelt es an** **fehlt es an**	**Fakten**. **Beweisen**.		is based on is based on is lacking/wanting is missing/lacking
Der Autor	**schätzt ein**, **sagt vorher**, **prognostiziert**, **kritisiert** scharf die aktuelle Situation. **fasst zusammen**, was gesagt worden ist.	wie sich die Situation entwickeln wird.		assesses/evaluates/appraises predicts forecasts/predicts criticises summarises
In diesem Artikel	**wird** die Tendenz **deutlich**. **sagt** der Autor **klipp und klar** seine Meinung. **kommt** der Skandal **an den Tag**.			becomes clear/obvious in no uncertain terms/plainly is the … of the day

3.6 Reaktionen nach der Lektüre eines Artikels

Der Artikel		
	erregte viel **Aufsehen**.	caused a sensation
	stieß auf Interesse.	generated interest
	fand ein positives **Echo**/positive **Resonanz**.	was well received/had a positive response
	rief positive **Reaktionen hervor**.	elicited positive reactions
	provozierte Kommentare.	provoked
	rief eine Protestwelle hervor.	provoked a wave of protest
	erntete heftige **Kritik**.	earned … criticism
	stieß auf Ablehnung/Interesse/Kritik.	was rejected/was met with interest/encountered critic

4 | Narrative Texte und Dramen erläutern

4.1 Textsorten

	eine **Fabel**.	fable/tale
	eine **Legende**.	legend/myth
	ein **Roman**.	novel
	eine **Novelle**.	short novel
	eine **Erzählung**.	account
Das Werk, von dem wir sprechen ist	eine **Kurzgeschichte**.	short story
	ein **Märchen**.	fairytale
	eine **Komödie**.	comedy
	ein **Drama**.	drama
	ein **Theaterstück**.	play
	eine **Tragödie**.	tragedy

	einen **Auszug** aus dem Märchen …	excerpt
Es handelt sich hier um	die **Moral** der Fabel …	moral
	einen **Akt** aus dem Drama …	act
	eine **Szene** aus dem Theaterstück …	scene

4.2 Erzählperspektiven und –techniken

Der Text wird	in der 2. Person in der du-Form	erzählt.	second person (perspective) in the second person

Der **Erzähler** Die **Erzählerin**	spricht in der 1. Person Singular.	narrator

Der **Ich-Erzähler** spricht von seinen Erfahrungen. — first person narrator
Im zweiten Kapitel gibt es einen **Perspektivenwechsel**. — change of perspective

	ist **allwissend**.	omniscient/all knowing
Der Erzähler	zeigt sich **unparteiisch**.	unbiased/detached
	greift (nicht) direkt **ein**.	act/engage/interfere/encroach
	fasst die Ereignisse **zusammen**.	summarises/sums up

Für die Sprache der Figur verwendet der Autor	die **direkte Rede**.	direct speech
	die **indirekte Rede**.	indirect speech
	den **inneren Monolog**.	internal monolgue

Der Autor verwendet dieses Wort,	um die **Neugier** des Lesers zu **wecken**.	to awake curiosity/interest
	damit **sich** der Leser mit dem Erzähler **identifiziert**.	so as to identify …

Der Autor erzählt die Ereignisse	in chronologischer Reihenfolge.	chronologically
	rückblickend.	retrospectively
	im Rückblick.	in retrospect
	aus der Retrospektive.	in retrospect

4.3 Handlung

Der Roman	besteht aus zwölf Kapiteln.	consists of
	ist unterteilt in zwei Teile.	is divided into

Der **Handlungsverlauf** lässt sich folgendermaßen zusammenfassen: — storyline/course of action/development of the plot

Die Handlung verläuft in drei	Etappen.	steps
	Phasen.	phases
	Teilen.	parts

Die **Haupthandlung** und weitere **Nebenhandlungen** bilden das **Gerüst** dieser Komödie. — main story/basic plot … sub-plot framework

Am Anfang / **Zu Beginn** schwankt sein Verhalten je nach dem Gesprächspartner. — at the beginning / at the beginning

Im Verlauf — in the course of

der Tragödie des Romans	entwickelt sich ein Konflikt zwischen den Darstellern.	develops
	wird Hans zum Helden.	becomes a …
	verändert sich Hans in einen Helden.	changes into/becomes
	verwandelt sich Hans zu einem Helden.	changes into/becomes

Der Autor	schiebt	eine **burleske**	Episode dazwischen.	burlesque/farcical episode
		eine **humorvolle**		humorous/
		eine **lustige**		funny/amusing
	mischt das Tragische mit dem Komischen.		mixes the tragic with the comic

In den Beziehungen vollziehen sich		take place
	unerwartete	unexpected
	wichtige	important
	Änderungen.	

In der Handlung **tritt ein Wandel ein**. — a change occurs

Die Handlung **erreicht** ihren **Höhepunkt** im zweiten Kapitel. — reaches its climax/high point

Der Selbstmord der Hauptfigur **stellt den Höhepunkt** der Geschichte **dar**. — represents the climax of …

4 Narrative Texte und Dramen erläutern

Am Ende			in the end
In der letzten Szene			in the last/final scene
	wächst die Spannung.		grows/intensifies
	nimmt die Spannung **zu**.		gains
	lässt die Spannung **nach**.		abates/declines
	nimmt die Spannung **ab**.		abates/decreases/wanes
	löst sich der Knoten der Handlung.		the loose ends are tied up
	findet der Held **die Lösung zu dem Rätsel**.		finds the solution to the puzzle

Dieses Ereignis bedeutet einen **tragischen Wendepunkt** im letzten Akt. — tragic turning point

Die Geschichte	nimmt	eine spannende	**Wende**.	takes an interesting turn
		eine glückliche		happy
		eine verhängnisvolle		fateful
		eine überraschende		surprising

Die Geschichte	**endet** mit einer Katastrophe.	ends in (noun)
	tragisch.	ends tragically (adj.)
	hat ein offenes Ende.	has an open ending

Weitere Konflikte bleiben	**ungelöst**.	unsolved/unresolved
	offen.	open

Es handelt sich um eine Dramatisierung einer **wahren Begebenheit**. — true story

4.4 Personen

Die **Personen**		characters
Die **Hauptpersonen**	des Romans sind Martin und Anne.	main/leading characters
Die **Hauptfiguren**		main/leading characters

Das ist	eine **Nebenfigur**	in diesem Roman.	minor character
	die **zentrale Figur**		central character
	der **Protagonist**		protagonist
	der **Held**		hero

Anne ist	die **Protagonisitin**.	protagonist
	die **Heldin**.	heroine
	die **Hauptfigur**.	main/leading character

Anne spielt	die **Hauptrolle**	in der Erzählung.	main/lead role
	eine **entscheidende Rolle**		crucial/key role
	eine **wichtige Rolle**		important role

Man muss immer	das **Äußere**	der Personen analysieren.	exterior/appearance
	die **soziale Stellung**		social position
	die **Psychologie**		psychology

Das **Benehmen**				behavior/conduct
Das **Verhalten**	von Martin ist gekennzeichnet durch …			behavior/conduct
Die **Haltung**				attitude/composure

Es gibt eine	**harmonische**	**Beziehung** zwischen den zwei Personen.	harmonious relationship
	konfliktreiche		conflictual

Martin und Jan	**beeinflussen sich gegenseitig.**		influence/affect one another/ each other
	verkörpern	folgende Verhaltensmuster: feindliche Haltungen. gegensätzliche Haltungen.	embody/incarnate/typify/ personify

Der Leser	**ahnt**	die **Absicht**	senses intention
	vermutet	die **Motive** der Personen.	suspects motive
	errät		guesses

4.5 Charakter der Personen

	ernster		serious
	nachdenklicher		thoughtful
	introvertierter		introvert
Der Held dieser Geschichte ist ein junger	**diskreter**	Mann.	discrete
	zurückhaltender		cautious
	ehrgeiziger		ambitious
	träger		lazy/lethargic
	etwas fauler		rather lazy

	Ruhe.	acts calmly
Er **handelt** immer mit	**Vorsicht.**	acts with care, carefully
	Klugheit.	acts prudently/sensibly
	Bedacht.	acts with caution, cautiously

Er **behandelt** andere mit	**Höflichkeit.**	treats … with courtesy
	Freundlichkeit.	kindness
	Liebenswürdigkeit.	courteousness
	Ehrlichkeit.	honesty

Aber er gibt kein einziges **Zeichen** von	**Herzlichkeit.**	sign of … warmth
	Zärtlichkeit.	affection /tenderness

Deshalb kann er nicht mit vielen **Freundschaft schließen.** make friends (easily)

	bedrückt.	depressed/gloomy/dispondent
Er fühlt sich oft	**besorgt.**	anxious/apprehensive/afraid
	unglücklich.	unhappy/down/distressed
Er **hat Mitleid** nur mit sich selbst.		pity/sympathy

4 Narrative Texte und Dramen erläutern

Eines Tages begegnet er Anne, einem jungen,	**sanften** **netten** **angenehmen** **ehrlichen** **aufrichtigen** **fleißigen** **sorgsamen** **bescheidenen** **lebensfrohen** **lebhaften** **impulsiven**	Mädchen.	gentle/kind nice/amiable/kind pleasant honest open/sincere hardworking/diligent careful modest/humble full of life buoyant/bright impulsive

Anne	**freut sich über** **genießt** **ist begeistert von** vielen Sachen. **gibt sich mit** Wenigem **zufrieden**.	einfache Sachen.

appreciates/is pleased with
enjoys
is passionate/delighted about
is content with …

Ihre Freunde	**vertrauen** ihr. **haben Vertrauen in** sie.

trust
have trust/faith in

Martin möchte	sein Leben **ändern**. sich verändern und	**energisch** **tatkräftig** **mutig** **kühn** **wagemutig**	werden.

change
energetic
dynamic
brave/courageous/gutsy
brave/daring/venturous
bold/courageous/daring

Er träumt davon,	sein Leben für Anne zu **riskieren**. sie zu **beeindrucken**. **heldenhafte Taten zu vollbringen**.

risk
impress
to accomplish heroic deeds/to be a hero

Martin möchte Anne mit	**großzügigen** Geschenken **heldenhaften** Taten	imponieren.

generous
heroic

Seine Veränderung	**überrascht** **erschreckt** etwas **verwundert** **verwirrt** **irritiert** **verblüfft**	seine Familie.

surprised/shocked
appalled/frightened
astonished/puzzled
confused/perplexed
bemused/irritated
bewildered/flabbergasted/shocked

macht seine Eltern **sprachlos**.   made … lost for words/speechless

bringt seine Lehrer **in Verlegenheit**.   to embarrass (someone) …

Charakter der Personen 4.5

Er **nutzt** seinen treuen Freund Jan **aus**.				exploit
Er **bedankt sich** nicht **bei** ihm.				to thank someone for sth.
Er **zeigt** ihm **gegenüber** keine **Dankbarkeit**.				show gratitude towards sth.
Er **zollt** ihm keinen **Dank**.				owe thanks

Als er versucht,	**sich** gut zu **benehmen**,		to behave …
	gut **auszukommen**,		get along
	zu ihr **höflich** zu **sein**,		to be polite
		begeht er **Fehler**.	make mistakes
		macht er **eine Dummheit**.	do something stupid

Er gibt sich	**ungeschickt**.	awkward/clumsy
	naiv.	naïve/gullible
	kindisch.	childish
	unschuldig.	innocent
Er wird	**unsympathisch**.	unfriendly/dislikable
	lästig.	annoying

Annes Ablehnung **bereitet** Martin **Kummer**. — to cause … heartache/distress/grief

Er	beschimpft sie als **grausame** Person.			cruel/unkind
	beschuldigt sie,	dass sie	**undankbar** ist.	ungrateful
			egoistisch	selfish
			treulos	unfaithful/disloyal
			verräterisch	traitorous/dishonest
			nachtragend	unforgiving/vindictive
		seine **Freundschaft**	verraten zu haben.	friendship
		seine **Treue**		loyalty

Als ihn Anne ablehnt, besucht er einen	**weisen**	Philosophen.	wise
	anerkannten		recognised
	geschätzten		esteemed/valued

Im Gespräch mit ihm	zeigt sich Martin	**nervös**.	nervous
		ungeduldig.	impatient
	regt sich Martin **auf**.		get upset

Apathisch kehrt er zurück nach Hause und stirbt eines **geheimnisvollen** Todes. — apathetic; mysterious

4.6 Raum und Zeit

Die Handlung **spielt**	in Deutschland.	takes place/is set
	auf zwei **Hauptschauplätzen**.	main venues/locations
	auf zwei **Nebenschauplätzen**.	minor/side scenes

	spielt sich im Jahre 1992 **ab**.	takes place/is set
Die Szene	**ist situiert** in einer unbestimmten Zeit.	is situated
	findet in der Gegenwart **statt**.	takes place/is set

Der Autor beachtet (nicht) die **Einheit**	des Ortes.	unity/entity; the place
	der Zeit.	the time
	der Handlung.	the action/plot

Das soziale Umfeld ist **gekennzeichnet durch** …   characterised by

4.7 Gesamteindruck

	ausführliche	**Beschreibung**		detailed description
	allgemeine		des	general
	realistische		Protagonisten.	realistic
Der Autor liefert eine	**satirische**		der Situation.	satirical
	bewegende		der Epoche.	moving
	karikierende		des kulturellen	a caricature of …
	komische		Kontextes.	comic/funny/
	burleske			burlesque/farcical

Der Autor gibt **detaillierte Bühnenanweisungen**.   detailed stage directions

Seine Beschreibung schafft eine	**spannungsvolle**	Atmosphäre.	exciting
	geheimnisvolle		mysterious

Die Atmosphäre ist	**aufgeladen mit Leidenschaft**.	charged with passion
	voller Gewalt.	full of violence

4.8 Aufführung eines Theaterstückes

Das Theaterstück wurde für die Sommerfestspiele **inszeniert**.   staged

Die **Aufführung**		performance/show
Die **Inszenierung**	hatte am 1. Mai die Premiere.	staging
Die **Vorstellung**		idea/notion/conception

Aufführung eines Theaterstückes 4.8

Das **Theaterensemble**			theatre company
Die **Schauspieltruppe**			ensemble of artists/company (of actors)
	besteht aus jungen **Schauspielern** und **Schauspielerinnen**.		actors/ actresses
Der **Regisseur**	besetzte die Hauptrolle mit einer		director/producer
Der **Dramaturg**	unbekannten Schauspielerin.		dramatic adviser
In diesem Stück treten viele **Statisten** auf.			extras
Der Schauspieler	**probt**	die **Rolle** des …	rehearses, role
	spielt		plays
	stellt Hamlet **dar**.		portrays/displays
	verkörpert Hamlet.		embodies
Der Vorhang	**geht auf**.		rises
	fällt.		falls
Im zweiten Akt	verwandelt sich der Saal in eine **Bühne**.		stage
	ändert sich das **Bühnenbild**.		stage design/setting/props
Die **Zuschauer** waren begeistert.			audience/spectators
Das **Publikum**	applaudierte minutenlang.		audience/public
	belohnte die Schauspieler mit	**Beifall**.	applause
	einem riesigen	**Applaus**.	applause
Die Aufführung hatte einen großen **Erfolg**.			success

5 | Gedichte und Lieder interpretieren

5.1 Gattungen

Wir interpretieren	ein **Gedicht**.	poem
	eine **Ballade**.	ballad
	eine **Romanze**.	romance
	ein **Sonett**.	sonnet
	ein **Volkslied**.	folk song
	einen **Schlager**.	popular music/hit
	ein **Lied**.	song
	ein **Poem**.	poem

Der **Dichter** trägt seine eigenen Kompositionen vor.	poet/writer
Die **Dichterin** verfasste ein Gedicht.	poet/writer

Um die Schönheit dieser Verse zu demonstrieren,	**rezitiere** ich sie.	recite
	lese ich sie **laut**.	read aloud

5.2 Bauelemente lyrischer Texte

Das Gedicht enthält drei **Strophen** mit jeweils fünf **Versen**.	stanzes; verses
Der **Refrain** wiederholt sich alle zwei Strophen.	refrain/chorus
Ein Sonett besteht aus zwei **Quartetten** und zwei **Terzetten**.	quatrain; couplet

Das Gedicht	**besteht aus** drei Strophen.	consists of/is made up of
	zählt fünf Verse.	is of …
	kann in zwei Teile **unterteilt werden**.	can be divided into …

Das **Versmaß**		measure
Der **Rhythmus**		rhythm
Der **Gebrauch** der Vokale		use
	schwankt je nach Inhalt.	varies depending on …

Der Dichter **variiert** den Rhythmus.	varies
Die ersten zwei Verse **klingen anders als** der Rest des Stückes.	sound different than …

Der Rhythmus ist	**variationsreich**.	varied
	sehr **regelmäßig**.	regular/uniform
	ist **unregelmäßig**.	irregular

Lyrische Sprache **5.3**

Das Gedicht verwendet Wörter mit der **Betonung**	auf der **letzten Silbe**.	emphasis/stress last syllable.
	auf der **vorletzten Silbe**.	penultimate syllable
Es handelt sich um einen Vers	**mit mehr als 10 Silben**.	with more than 10 syllables
	mit weniger als 8 Silben.	with less than 8 syllables

Das Gedicht beinhaltet **erzählerische Elemente**. — narrative elements
In diesem Gedicht sprechen zwei **Stimmen**: das lyrische Ich und seine Geliebte. — voices

Die **Struktur** dieses Gedichts ist	**antithetisch**.	structure antithetic
	zyklisch.	cyclical
	komplex.	complex
	einfach.	simple
	schlicht.	plain/simple

Das zweite Terzett des Sonnets beinhaltet eine **Synthese**. — synthesis/composition
In den letzten zwei Versen **wird** das ganze Gedicht **zusammengefasst**. — is summarised

5.3 Lyrische Sprache

Die Dichterin verwendet	eine **melodische**	**Sprache**.	melodic/tuneful language
	eine **monotone**		monotone
	eine **rhythmische**		rhythmic
	eine **abwechslungsreiche**		varied/diverse

In diesem Vers überwiegen	**dunkle**	**Vokale**.	hard vowels
	helle		soft vowels
	stimmhafte	**Konsonanten**.	voiced consonants
	stimmlose		unvoiced/silent

Der Vers beeindruckt den Leser mit seiner	**Musikalität**.	musical sense/musicality
	Sanftheit.	gentleness
	Klangfülle.	sonority

Der Vers zeichnet sich durch seine	**Assonanz**	aus.	assonance
	Anapher		anaphora
	Lautmalerei		onomatopoeia
	Alliterationen		alliteration
	Stabreime		alliteration

Die Verwendung von sich	**wiederholenden**	**Lauten** ist die Grundlage einer poetischen Sprache.	repetitive sounds
	abwechselnden		alternating

5 Gedichte und Lieder interpretieren

Der Dichter wiederholt diesen Konsonanten,		um den Vers zu **betonen**. um dem Vers **Kraft** zu **verleihen**.	emphasise give the … power
Die Wörter **reimen sich**.			rhyme
Das lyrische Werk beinhaltet		**Wechselreime**. **Kreuzreime**. **Paarreime**.	alternating rhymes cross rhymes. couplets
Das Gedicht ist **ohne Reime**.			does not rhyme
Es handelt sich um einen	**ungereimten freien**	Vers.	unrhymed open
In diesem Gedicht kommen zahlreiche	**Metaphern Symbole Allegorien**	vor.	metaphors symbols allegory

5.4 Das lyrische Ich

Das **lyrische Ich**	bezieht sich auf eine Dame. **spricht mit sich selbst**. **spricht auf eine sehr individuelle Art**. **drückt seine Gefühle aus**.	the lyrical 'I' address itself speaks in a very individual way expresses its feelings
In diesem Gedicht	spielt der Autor mit den **Wirklichkeitsebenen**. wird das **Gedankengut** dieses Jahrhunderts deutlich.	levels of reality ideas/body of thought
Das Lied	**ist ein Spiegelbild** der sozialen Situation der Epoche. **spiegelt** die Gefühle des Volkes **wider**.	reflection/mirror image reflects/mirrors

6 | Bilder beschreiben

6.1 Arten von Abbildungen

	ein **Gemälde**		painting by
	eine **Skizze**		sketch
	eine **Zeichnung**		drawing
	eine **Illustration**	von Renoir.	illustration
	ein **Bild**	von Picasso.	picture
	eine **Radierung**		etching
	einen **Druck**		print
	einen **Holzschnitt**		woodcarving
Es handelt sich um	einen **Wandteppich**.		tapestry
	eine **Fotografie** des Präsidenten.		photograph
	ein **Plakat** einer Rockband.		poster
	ein **Poster** einer Sängerin.		poster
	eine **Karikatur** eines Schauspielers.		caricature
	einen Auszug aus dem **Comic** von Goscinny.		comic/graphic novel
	einen **Stadtplan** von Dresden.		(street) map
	einen **U-Bahn-Plan**.		subway plan
	eine **Karte** der Stuttgarter Region.		map

6.2 Komposition

Im Vordergrund	sehen wir mehrere Personen.	in the foreground
Im Hintergrund		in the background

	in der Mitte (von …)	in the middle (of) …
	mitten in …	in the middle (of) …
	ganz links (von …)	on the far left (of) …
Die Tiere erscheinen	**links außen**.	on the far left (of) …
	ganz rechts (von …)	on the far right (of) …
	rechts außen.	on the far right (of) …

Neben			next to
In der Nähe von			near
Vor	den Personen können wir	sehen.	in front of
Gegenüber von	Häuser	wahrnehmen.	opposite
Hinter		bemerken.	behind
Rechts /links von			on the right/left of

Über den Häusern ist der Himmel bewölkt. — above/over
Unter dem Balkon ist eine Terrasse mit Äpfeln **auf** dem Tisch. — below/underneath

Im Uhrzeigersinn	sehen wir …	clockwise
Gegen den Uhrzeigersinn		anti-clockwise

6.3 Personen und Objekte

Auf dem Foto betrachten wir	zwei **Personengruppen**.		groups of people
	verschiedene menschliche **Silhouetten**.		silhouettes
	Gegenstände	unterschiedlichen **Formats**.	formats
		unterschiedlicher **Größe**.	sizes
		großen **Ausmaßes**.	dimensions/proportions

Es **sind** zwei Männer **zu sehen**.	… can be seen
Auf dem Foto **erscheinen** zwei Männer.	appear
Die Männer **sind umgeben von** einer Gruppe von Frauen.	are surrounded by

Unter den Figuren	**hebt sich** eine Frau **ab/hervor**.	… stands out
	zieht eine Frau **die Blicke auf sich**.	… draws attention

Ihre Ruhelosigkeit **springt** sofort **ins Auge**.	… catches the eyes/is immediately apparent

Ihr **Aussehen**	ist sympathisch.	appearance
Ihr **Äußeres**	ist elegant.	appearance
Ihr **Erscheinungsbild**		appearance/image

Ihr **Gesichtsausdruck**	zeigt Verzweiflung.	(facial) expression
Ihre **Mimik**		(facial) expression
Ihre **Gesichtszüge** zeigen Angst.		features
Ihre **Gesten** verraten, dass sie wütend ist.		gestures
Ihre **Körperhaltung** ist locker.		posture/body language

6.4 Umgebung

Die Szene	**findet** im Winter auf einer Straße **statt**.	takes place/is set in
	spielt sich nachts **ab**.	takes place/is set/is played out in

Auf dem Foto kann man	den Kölner **Dom**	erkennen.	cathedral
	ein mittelalterliches **Gebäude**		building
	das **Schloss** Sanssouci		castle
	ein norddeutsches **Dorf**		village
	eine bayerische **Landschaft**		landscape
	ein **Detail** des Monuments		detail
	eine **Szene** aus einem Film		scene

6.5 Ein Bild analysieren

Die Szene ist	**charakteristisch** / **typisch**	für diesen Maler.	characteristic of / typical for

Das Bild	**drückt aus**, **zeigt**,	**wie** der Maler die Realität sieht. **dass** es eine Beziehung zwischen dem Maler und Picasso gibt.	expresses how shows how

Dieses Foto	**stellt** das Leben in der Stadt **dar**. **symbolisiert** das Leid der Juden. ist ein **lebendiger Ausdruck** des Lebens in einem Dorf.	presents/shows symbolises vivid expression

6.6 Einen Comic analysieren

Die **Bilderfolge** Die **Sequenz** Die **Serie**	bildet eine Geschichte.	sequence of pictures the sequence/story board series

Man versteht die **Comicgeschichte**,		auch ohne dass man die **Sprechblasen** lesen muss. schon beim **Anschauen** der Zeichnungen.	story speech bubbles by looking at

Auf dem	ersten zweiten dritten	**Bild** sind drei Personen. **kann man sehen**, dass es regnet. **sehen wir**, wie die Personen handeln.	picture one can see we can see

6.7 Einen Stadtplan oder eine Karte lesen

	im Norden		in the north of
	im Süden	**des Kontinents.**	in the south of
	im Osten	**des Landes.**	in the east of
	im Westen	**der Region.**	in the west of
	im Zentrum		in the centre of
	in der Mitte		in the middle of
	im Landesinneren.		in the interior of
Das Dorf liegt	**nördlich**	**von dieser Stadt.**	to the north of
	südlich	**von dem Fluss.**	to the south of
	östlich	**von der Küste.**	to the east of
	westlich	**der Grenze.**	to the west of
	in der Nähe		near
	am Rande der Stadt.		on the outskirts/on the edge
	zwischen Dortmund und Düsseldorf.		between … and
	an der Küste.		on the coast

Berlin und München **sind** 600 km **voneinander entfernt**. are … apart
Von Berlin **bis nach** München **sind es** 600 km. it is … from … to …

7 | Mit audio-visuellen Medien arbeiten

7.1 Darstellungsformen

Es handelt sich um	eine **Aufnahme** eines Liedes.	recording
	eine **Übung zum Hörverstehen**.	an exercise for listening comprehension

Wir hören uns ein Lied von einer **CD** an. — CD

Wir schauen uns	eine **Filmsequenz**		clip
	einen **Ausschnitt**		clip
	einen **Spielfilm**		feature film
	einen **Kurzfilm**		short film
	einen **Dokumentarfilm**		documentary
	eine **Doku**		documentary
	Nachrichten vom 18. Juni.	an.	news (from)
	eine **Folge** aus der **Serie** „…"		episode … series
	ein **Interview** mit einem Fußballspieler		interview
	ein **Video**(clip) einer österreichischen Sängerin		video
	einen Ausschnitt aus einem **Werbespot**		ad/advert/advertisement/commercial

Es handelt sich um einen	Film **in Originalfassung mit Untertiteln**.	original version with subtitles
	synchronisierten Film.	dubbed

Viele Filme verlieren durch die **Synchronisation** an Qualität. — dubbing

7.2 Filmemacher

Gerade sehen wir den	**Filmvorspann**.	opening credits
	Filmabspann.	film credits/end titles

An diesem Film hat	ein berühmter	**Regisseur**	mitgewirkt.	director
		Produzent		producer
		Kameramann		cameraman
		Schauspieler		actor
	eine berühmte **Schauspielerin**			actress

Unter den **Darstellern** waren ganz bekannte Schauspieler. — performers
Die **Regie** führte Roman Polanski. — … directed by …
Wir lesen eine interessante Passage aus dem **Drehbuch**. — script

In der **Hauptrolle** stellt Depardieu den Obelix dar. — lead/main role
Ein weiterer Schauspieler spielt eine **Nebenrolle**. — supporting role

7.3 Einen Film analysieren

In dieser **Aufnahme** sieht man einen kleinen Jungen, wie er auf einer Straße spielt.	shot
Die Szene **spielt sich** auf einer Berliner Straße **ab**.	takes place/is set/is played out in
Das Licht **hebt** die wichtigen Personen **hervor**.	emphasises/stresses/highlights
Die Aufnahmen **lenken** unsere Aufmerksamkeit auf die Details.	turn/refocuses
Die Musik schafft eine **geheimnisvolle Atmosphäre**.	mysterious atmosphere
Die **Lichteffekte** ⎫	lighting (effects)
Die **Geräusche** ⎬ produzieren Spannung.	sounds/sound effects
Die **Beleuchtung** weckt ⎭	lighting
Die Techniker erstellen **Spezialeffekte**.	special effects
Die **Kamerawinkel** sind sehr wichtig.	camera angle
Die **Kameraeinstellung** wurde häufig gewechselt.	camera settings
Die **subjektive Kameraeinstellung** zeigt eine Szene aus der Sicht des Darstellers.	subjective camera
Die Figur wurde ⎰ **von unten** ⎱ aufgenommen.	filmed from below
⎱ **von oben** ⎰	filmed from above
Die Aufnahme von unten nennt man die **Untersicht**.	low-angle shot
Die Aufnahme von oben nennt man die **Aufsicht**.	high-angle shot
Bei der **Normalsicht** ist die Kamera auf der Augenhöhe des gefilmten Objekts platziert.	straight-on angle/eye-level shot
Wir sehen den Helden ⎰ aus der **Froschperspektive**.	worm's-eye view
⎱ aus der **Vogelperspektive**.	bird's-eye view
Die **Totale** zeigt eine komplette Szene samt ihrem **Bühnenbild**.	long-shot; stage setting
Die **amerikanische Einstellung** zeigt den Körper einer Person bis zu den Knien.	medium shot
Die **Nahaufnahme** zeigt das Gesicht und den Oberkörper.	close-up view
Die **Großaufnahme** zeigt detailliert einen Teil des Körpers.	close-up shot
In der **Detailaufnahme** wird ein Objekt aus der nächsten Nähe gezeigt.	extreme close-up shot
Es handelt sich um ⎧ einen **Rückblick**.	flashback
⎨ eine **Vorwegnahme**.	flash forward/prolepsis
⎩ einen **Ausblick** in die Zukunft.	foresee

7.4 Einen Dialog analysieren

Drei Personen **beteiligen** sich an	der **Unterhaltung**.	involved in a conversation
	dem **Gespräch**.	conversation
	der **Konversation**.	conversation

In dem Film kommt selten ein **Dialog** zwischen zwei Frauen vor. — dialogue

Der Bürgermeister	**wird von** einem Journalisten **interviewt**.	interviewed
	gibt einem Journalisten **ein Interview**.	give an interview

Der Journalist organisiert eine **Unterredung** mit einer politischen Persönlichkeit. — discussion

Den **Sprecher** / Die **Sprecherin** versteht man gut.	speaker/spokesperson

Der **Gesprächspartner** spricht		interlocutor/respondent
	offen.	openly
	zu schnell.	too fast/quickly
	deutlich.	clearly
	ruhig.	quietly

Die Gesprächspartnerin **hat einen starken Akzent**. — has a strong accent

Der **Redner**			speaker
Der **Moderator**			moderator
	wendet sich direkt an	die **Versammlung**.	assembly
		die **Radiohörer**.	radio listeners
		das **Fernsehpublikum**.	television audience
		die **Fernsehzuschauer**.	television viewers

7.5 Das Aussehen, die Mimik und die Gestik einer Person

Das Mädchen	**wirkt sympathisch**.	makes a friendly impression
Der Junge	**sieht schlecht aus**.	looks bad /does not look healthy

Seine **Gesten** sind sehr ausdrucksvoll. — gestures

Seine **Gestik**		gestures
Seine **Mimik**		expression
Seine **Körperhaltung**	verrät seine Emotionen.	posture/body language
Sein **Aussehen**	ist merkwürdig.	appearance
Seine **Haltung**	ist seltsam.	posture
Sein **Gang**		gait
Sein **Verhalten**		behaviour/conduct
Sein **Benehmen**		behaviour/conduct

7 Mit audio-visuellen Medien arbeiten

Der Schauspieler	nickt mit dem Kopf.	nods his/her head
	schüttelt den Kopf.	shakes his/her head
	lächelt.	laughs
	grinst.	grins
	runzelt die Stirn.	frowns
	macht ein trauriges Gesicht.	makes a sad face
	sieht fröhlich aus.	looks …

Um deutlicher auszudrücken, was er denkt,	spricht er mit den Händen.	speaks with his/her hands
	gestikuliert er viel.	gesticulates

Seine Gefühle **spiegeln sich** in seinem Gesicht **wider**. — reflected

Seine Mimik	**verrät** seine Emotionen.	betray/give away
	drückt seine Gefühle **aus**.	express/show/display

8 | Schriftverkehr

8.1 Eine SMS schreiben

Liebe Anne,	dear
komme morgen aus dem Urlaub zurück. Wollen wir uns treffen? ☺	
LG Sylvia	love/regards/all the best

die **Anrede** | die **Grußformel**	Address/salutation
Hallo Anne,	Hello
Lieber Tom,	Dear
Servus Tom,	Hi
Bis bald	see you soon
Tschüss	bye
Viele Grüße (VG)	regards/all the best/greetings
Liebe Grüße (LG)	love/regards/all the best

8.2 Eine Reservierung machen

10:15 Montag, 13. Juni 2012
Von: frederick.desjardins@yahoo.fr
An: hotel-elbblick@info.de
Betreff: Zimmerreservierung

Sehr geehrte Damen und Herren,	Dear Sir or Madam
ich möchte ein Doppelzimmer vom 13.-17. Juli 2012 reservieren. Wir hätten gern ein Zimmer mit Balkon und Aussicht auf die Elbe.	
Kann man bei Ihnen auch Fahrräder ausleihen?	
Ich freue mich auf Ihre Antwort,	looking forward to receiving your answer
mit freundlichen Grüßen	best wishes/kind regards/yours sincerely/yours faithfully
Frederick Desjardins	

die **Emailadresse**	email address
der **Empfänger** /die **Empfängerin**	recipient
der **Absender** /die **Absenderin**	sender
der **Betreff**	subject

8.3 Eine Bestellung aufgeben

14:23 Mittwoch, 22. April 2012

Von: k.schulte@t-online.de
An: buchhandlung-buecherwurm@handel.de

Betreff: Buchbestellung

Sehr geehrte Damen und Herren,

hiermit bestelle ich ein Exemplar des Titels „Billiard um halbzehn" von Heinrich Böll.

Schicken Sie mir den Tittel bitte **per Nachname** an die unten genannte Adresse.

cash on delivery

Im Voraus herzlichen Dank und
mit freundlichen Grüßen

many thanks in advance

Karlheinz Schulte
Martin-Luther-Str. 51
52062 Aachen

8.4 Sich informieren

21:09 Freitag, 5. November 2012

Von: anne-sophie.cloeren@gmail.fr
An: info@inlingua.de

Betreff: Sommersprachkurs 2013

Sehr geehrte Frau Kühn,

Ich heiße Anne-Sophie Cloeren, bin 17 Jahre alt und komme aus Frankreich. Seit fast einem Jahr lerne ich Deutsch. Über meinen Deutschlehrer habe ich von Ihrer Sprachschule **erfahren** und bin an einem Ihrer **Sprachkurse** interessiert.
Ich möchte **mich** gerne für den Sommersprachkurs im Juni 2013 **anmelden**, wenn möglich in München.
Könnten Sie mir weitere **Informationen** bezüglich dieses Kurses schicken?
Mein Lehrer erzählte mir, dass Sie die **Ansprechpartnerin** für die Unterkunft sind. Ist es möglich, in einer **Gastfamilie** mit einer Tochter meines Alters untergebracht zu werden?

Ich freue mich auf eine baldige **Antwort** von Ihnen.

Mit freundlichen Grüßen

Anne-Sophie Cloeren

find out
language course
register/sign up

information

contact partner
host family

answer/reply

8.5 Sich als Au-pair bewerben

18:43 Sonntag, 29. September.2012

Von: lenka.musilova@seznam.cz
An: becker@gmx.de

Betreff: Bewerbung als Au-pair

Liebe Familie Becker,

aus der Zeitung Ruhrruf habe ich erfahren, dass Sie auf der Suche nach einem jungen Au-pair-Mädchen sind.	
Ich heiße Lenka Musilová, bin 18 Jahre alt. Ich gehe aufs Gymnasium und bereite mich momentan auf das Abitur vor.	
Meine **Hauptfächer** sind Mathematik und Biologie. Seit drei Jahren lerne ich auch Deutsch.	main/major subjects
Ich interessiere mich sehr für Deutschland und möchte deshalb den deutschen Alltag kennenlernen, sowie neue **Erfahrungen sammeln**.	gather experience
Seit sieben Monaten **kümmere** ich **mich** zweimal wöchentlich **um** zwei kleine Jungen im Alter von fünf und sechs Jahren.	take care of
Ich kann auch im **Haushalt** helfen und verschiedene **Hausarbeiten** erledigen.	household/housework
Mein Abitur lege ich im Juni ab. Danach würde ich gern ein Jahr in Deutschland in Ihrer Familie **verbringen**. Ich könnte Ihre zwei kleinen Söhne ab dem 15. August **betreuen**.	spend (time) take care of/supervise/look after

Ich freue mich auf eine baldige Antwort von Ihnen.

Herzliche Grüße

Lenka Musilová

8.6 Eine Beschwerde schreiben

Karlheinz Schulte
Martin-Luther-Str. 51
52062 Aachen

Buchhandlung Bücherwurm
Wallstr. 22
70176 Stuttgart

Aachen, 6. Juni 2012

Doppelte Abbuchung

Sehr geehrte Damen und Herren,

am 22.April 2012 habe ich bei Ihnen das Buch „Billiard um halbzehn" von Heinrich Böll für € 13,- bestellt. Nach der Überprüfung meiner Kontoauszüge stellte ich fest, dass dieser Betrag zweimal von meinem Konto **abgebucht** wurde. Deshalb möchte ich Sie bitten, diesen Fehler möglichst bald zu beheben und mir den oben genannten **Betrag** auf mein Konto **zurück** zu **überweisen**.

Ich lege eine Kopie der Rechnung diesem Schreiben bei.

Mit freundlichen Grüßen

Karlheinz Schulte

die **Adresse**	address
die **Postleitzahl**	postcode (UK) Zipcode (US)
das **Datum**	date
der **Betreff**	subject double/duplicate charges
	charged/debited
	credit refund the amount

9 | Begriffe erklären

Das Wort		word
Der Begriff	„Homepage" kommt aus dem Englischen.	term
Der Ausdruck		term/expression
Die Bezeichnung		term

| Was | bedeutet / heißt | „beginnen"? | mean / mean |

| Das Wort „beginnen" | ist ein Synonym zu / bedeutet das Gleiche wie / hat die gleiche Bedeutung wie / ist ein Antonym zu „aufhören". | „anfangen". | is a synonym for / means the same as / has the same meaning / is an antonym for |

„Schwein haben" bedeutet **im übertragenen Sinne** „Glück haben". — in a figurative sense/ figuratively

Die Bedeutung des Wortes **hängt vom Kontext ab**. — depends on the context

Unter dem Begriff „Strom" **versteht** man in Physik …. — the term … means

In der **Alltagssprache** verwendet man ihn für … — everyday speech

Im übertragenen Sinne bedeutet er … — in a figurative sense/figuratively

„Phobie"	**bezeichnet** extreme Angst vor etwas.	refers to/denotes
	kann man als Angstneurose **definieren**.	can be defined as …
	bezieht sich auf verschiedene Arten von Furcht.	refers to

Das Wort „Abbruch" **ist abgeleitet von** „abbrechen". — is derived from

Dieser **Neologismus** ist noch nicht im Wörterbuch. — neologism
Das Wort „Bibo" ist eine **Kurzform** von der „Bibliothek". — short/abbreviated form
Das Wort „Mäuschen" ist eine **Verkleinerungsform** von der „Maus". — diminutive form

10 | Probleme analysieren

10.1 Probleme benennen und die Ursachen ermitteln

Die deutsche Gesellschaft **steht vor** dem Problem der zunehmenden sozialen Differenzierung.			faces/is confronted with

	besteht bereits seit mehreren Jahrzehnten.		has existed
	liegt in der Verteilung der Güter.		lies in
Das Problem	**nimmt** unterschiedliche **Dimensionen an**.		takes on different dimensions
	weist mehrere	**Seiten**	auf.	sides
		Facetten		facets

Zwei **Faktoren**			factors
Drei **Aspekte**	sind dabei		aspects
		entscheidend.	crucial/deciding/pivotal
		ausschlaggebend.	crucial/decisive

Man muss dabei drei Aspekte	**berücksichtigen**.	take into account
	betrachten.	consider/take into consideration

Erstens		first
Zweitens	ist das Niveau der Gehälter sehr niedrig.	second
Drittens		third

Außerdem	mangelt es an Wohnungen.	also/in addition/furthermore/
Abgesehen davon		apart from that/having said that

Es gibt einen **kausalen Zusammenhang** zwischen diesen unterschiedlichen Ereignissen. — causal context/connection/relationship

Der **Grund**,	weshalb sich der Konflikt entwickelte, ist	reason
Die **Ursache**,	einleuchtend.	cause

Die **Motive**	sind allen bekannt.	motive/reason/theme
Die **Beweggründe**		motive

Der **Ursprung** des Problems liegt in der Vergangenheit. — origin/beginning/root
Dieses Problem **geht auf** mehrere Ursachen **zurück**. — can be traced back to

Da	es zu wenig Arbeit gibt, wandern viele Menschen aus.	because/as
Weil		because

Die Preise sind	**aufgrund**	der Inflation gestiegen.	because of/due to
	wegen		because of/due to

Die Enthaltung bei der Wahl entsteht **eher durch** Enttäuschung über Politiker **als durch** Desinteresse an der Politik. — rather from … than through/because of

10.2 Reaktionen auf das Problem

Einerseits **Auf der einen Seite**	ist die Situation gut, …	**… andererseits** **… auf der anderen Seite**	ist sie schlecht.	on the one hand on the one side of the argument on the other hand on the other hand

Es gibt **zwar** viele Probleme, **aber** die meisten sind zufrieden.		indeed … but
Dennoch **Trotzdem** **Trotz alledem** **Trotz** der Schwierigkeiten	bleibt die Mehrheit optimistisch.	however/nevertheless/anyhow anyway/nevertheless/however in spite of everything despite/in spite of
Obwohl **Auch wenn** **Selbst wenn**	alle unzufrieden sind, protestiert niemand.	although/even though even if/even though even if/even though

10.3 Konsequenzen

Diese Situation wird unangenehme	**Folgen** **Konsequenzen**	haben.	consequences/effects consequences
Sie **führt dazu,** Sie **hat zur Folge,** **Daraus resultiert,** **Daraus folgt,**	dass viele Menschen ihre Heimat verlassen.		it causes has the effect of as a result from this follows …
Infolgedessen **Folglich**			consequently/as a result accordingly/consequently/ therefore
Deshalb **Daher** **Darum** **Als Folge davon**	wandern viele Menschen aus.		hence/therefore/that is why therefore/thus/so therefore/on that account as a consequence of this/as a result of
Also (umgangssprachlich)			so/ thus
Das heißt, dass **Das bedeutet, dass** **Letzendlich kann man sagen, dass**	die ökonomische Situation des Landes katastrophal ist.		this means that this means that ultimately, one can say that

Zusammenfassend gesagt befindet sich das Land in einer Krise.
Man kann die Situation folgendermaßen zusammenfassen: das Land ist in einer Krise.
Ich komme zu der Schlussfolgerung, dass es keine Alternativen gibt.

to summarise
One can summarize the situation as follows:
I come to the conclusion that

11 | Statistiken, Diagramme und Grafiken beschreiben

Die Folie zeigt	eine **Statistik**.		statistics
	ein **Diagramm**.		diagram
	ein **Schema**.		diagram/pattern/table
	eine **Tabelle**.		table
	ein **Schaubild**.		graph
	die **Hauptpunkte**.		the main points

Ein **Kurvendiagramm** stellt Entwicklungen dar. — (line) graph
Ein **Balkendiagramm** eignet sich zur Veranschaulichung von Rangfolgen. — bar chart/graph
Mit einem **Säulendiagramm** kann man gut Vergleiche anstellen. — bar chart/graph
In einem **Kreisdiagramm** werden Anteile gezeigt. — pie chart

Thema des Schaubildes **ist** … — the subject/topic of the … is

Das Diagramm	**gibt Auskunft darüber**, …	tells you …
	gibt Informationen über …	gives information/informs about
	liefert Informationen über …	provides information on/about
	stellt dar, wie der Trend der letzten Jahre war.	represents
	zeigt …	shows/displays

Die Tabelle informiert über **folgende Aspekte**: … — the following aspects

Die Zahlen geben	die **Veränderungen gegenüber** dem Vorjahr an.		changes compared to …
	die **Entwicklung**	der letzten Jahre an.	the development
	die **Tendenzen**		tendencies/trends
	den **Trend**		trend

Aus dem Schaubild ist zu	**entnehmen,**	dass …	shows/reveals/indicates
	erkennen,	wie	(it can be) recognise(d)
	ersehen,	ob	can be seen
Aus der Grafik **geht hervor,**			is clear/it transpires

Als Quelle wird die Presseagentur **angegeben**.		the .... is given as a source
Die Daten **stammen**	**von** der UNO.	come from/are from
	aus einem Bericht der UNO.	come from/are from
Die Grafik **wurde** einem Artikel der Süddeutschen Zeitung **entnommen**.		was taken from
Die Daten **basieren auf einer Umfrage**, die unter Jugendlichen durchgeführt wurde.		was based on a survey
Es handelt sich um eine **Veröffentlichung von** …		publication of
Die **Angaben** stammen aus dem Jahr …		data/information/figures
Als **Basis** für den Index wurde das Jahr 1990 gewählt.		base

Alle **Werte** werden in	**Prozent**		values … percent
	Millionen		millions
		angegeben.	specified
		aufgeführt.	listed
Die **Angaben** werden in Euro **gemacht**.			the figures are given in …

Auf der x- Achse	sind … aufgetragen.	on the x-axis
Auf der y-Achse		on the y-axis

In der **linken**	**Spalte** sehen wir die Angaben für …	in the left column
In der **rechten**		in the right column
In der **mittleren**		in the middle/centre column
Die gelben **Säulen** geben … wieder.		columns
In der **Legende** wird die Bedeutung der verwendeten Abkürzungen erklärt.		key/caption

Das Balkendiagramm zeigt	**die Reihenfolge** der …	the order of
	die Rangordnung der …	the hierarchy of/the ranking of
Der **Spitzenreiter** ist …		the front-runner/the market leader
An **erster Stelle** liegt …		in first place …
Es **folgt** auf dem zweiten Platz …		follows in
In der **Mitte**		in the middle
Im **Mittelfeld**	befinden sich …	in the middle/in the centre
Auf den **mittleren Plätzen**		in the middle/in the centre
Das **Schlusslicht** bildet …		… brings up the rear
Auf dem **letzten Platz** finden wir …		in last place

11 Statistiken, Diagramme und Grafiken beschreiben

Was besonders	**auffällt,** **ins Auge springt,**	ist …	noticeable catches the eye/is striking

Es fällt auf, dass … is noticeable that/is notable that
Bemerkenswert ist, dass … is worth noting that …
Auffällig ist, dass … is noteworthy

Das Kurvendiagramm zeigt die Entwicklung **von** 1980 **bis zum Jahr** 1985. — from … to the year …

Der **Verlauf** wird in 5-**Jahresschritten** dargestellt. — process/trend … yearly increments/steps/intervals

Zwischen 1990 **und** 2000 erlebte die Automobilindustrie die Hochkonjunktur. — between … and …

In dieser **Zeitspanne** In diesem **Zeitraum**	kam es zu einem Boom auf dem Automarkt.	period (of time) period (of time)

Die **Menge** Die **Zahl** Der **Anteil**	betrug	**rund** **circa** **etwa** **ungefähr** 26 Tonnen.	the amount the number proportion around circa/approximately about/some about

Der Anteil von …	**betrug** im Jahr 2010 57 %. **lag** im Jahr 2010 **bei** 57 %. **erreichte einen Stand von** 57 %. **hatte eine Höhe von** 57 %.	was/accounted for equalled reached peaked at

Der Export **machte** … % des gesamten Bruttoinlandproduktes **aus.** — equalled/equated to

Die Automobilindustrie **hatte den größten Anteil mit** … %. — a large proportion with … %

Die Gesamtkosten **verteilten sich** zu 50 % **auf** die Lohnkosten und zu 20 % **auf** das Material. — divided amongst

Die Zahl der Arbeitslosen **ist um** 2 %	**höher.** **niedriger.**	has increased by has decreased by

Die Zahl hat sich in dieser Zeitspanne fast	**verdoppelt.** **verdreifacht.** **halbiert.**	doubled tripled halved

Konsequenzen 10.3

Das Bruttoinlandprodukt **ist** in dem letzten Jahrzehnt	**gestiegen.**	has increased
	gewachsen.	grown
Das Bruttoinlandsprodukt **hat**	**zugenommen.**	increased
	zugelegt.	grown
Die Verschuldung **hat sich**	**erhöht.**	increased
	vergrößert.	enlarged
	gesteigert.	climbed

Der Durchschnittslohn ist	**von** Euro 2200 **auf** Euro 2000 **zurückgegangen.**	has decreased from … to …
	um 10 % **gefallen.**	fallen by
	geschrumpft.	shrunk by
	gesunken.	sunk by
Die Nachfrage **hat abgenommen.**		fallen by
Die Zahl der Zuwanderer **hat sich**	**reduziert.**	been reduced
	verringert.	reduced
	verkleinert.	reduced
	gesenkt.	reduced/sunk

Der **Rückgang**			decline
Der **Anstieg**			increase
Die **Zunahme**			increase/growth
Die **Steigerung**			increase/rise
	verlief	**stetig.**	constantly/steadily
		kontinuierlich.	continually/continuously
		langsam.	slowly
		rasant.	rapidly/quickly
		sprunghaft.	erratically/irregularly
		diskontinuierlich.	discontinuously

Es lässt sich eine	**steigende**	**Tendenz** feststellen.	rising trend
	fallende		falling

Im Vergleich zu		compared to/in comparison to
Verglichen mit	den vergangenen Jahren ist die Produktivität gestiegen.	compared with
Im Unterschied zu		unlike
Im Gegensatz zu		unlike/in comparison to
Ein Vergleich zeigt, dass der Anteil um 1,5 % erhöht werden konnte.		a comparision shows
Die Quoten **unterscheiden sich**	**darin,** dass …	differ in that …
	dadurch, dass …	by …
Vergleicht man die Gegenwart **mit** den letzten 10 Jahren, **ergibt sich** Folgendes:		in comparing the … with … shows that …

Alles in allem		all in all …
Abschließend	kann man sagen, dass …	in conclusion
Zusammenfassend		in conclusion/in summary
Zusammengefasst bedeutet das …		in summary/summarised

12 | Texte zitieren und wiedergeben

In Zeile 12			line
In der **letzten** Zeile			last
In der **vorletzten** Zeile			penultimate
In der ersten **Spalte**			column
Im dritten	**Absatz**		paragraph
	Kapitel		chapter
Auf der Seite 8			on page
	steht: „Die Globalisierung …"		it is stated that …
	wird geschrieben …		it is written …
	heißt es …		it is stated that …
Ich zitiere: „…"			I quote

Der Autor |			author
Die Autorin			
Der Verfasser |			author/writer
Die Verfasserin			
Der Schriftsteller |			author/writer
Die Schriftstellerin			
	spricht von		talks of/about
	schreibt von	der aktuellen	writes of/about
	berichtet von	Situation.	reports on/about
	spricht über		speaks about
	schreibt über	die aktuelle	writes on/about
	berichtet über	Situation.	reports on/about
	erwähnt		mentions
	bezieht sich auf		refers to
	schneidet das Thema der aktuellen Situation **an.**		cuts to the subject of …
	spielt auf die aktuelle Situation **an.**		alludes to the …
	bezeichnet die aktuelle Situation **als** gefährlich.		refers to … as
	fragt sich, ob die aktuelle Situation gefährlich sei.		asks/wonders whether

Dem Autor zufolge			according to the author
Laut dem Autor	handelt es sich um eine		according to the author
Nach der Meinung des Autors	wichtige Tatsache.		according to the author's opinon

	aufschlussreiches	Zitat.	a revealing quote
In diesem Absatz ist ein	entscheidendes		crucial/deciding
	wichtiges		important/significant

Texte zitieren und wiedergeben 12

Ich beziehe mich auf die	**bereits zitierten** **oben genannten** **unten genannten**	Seiten 8 und 12.	cited/aforementioned aforementioned stated below/mentioned below

Siehe	Zeilen 31 und 32 weitere Artikel des Autors Seiten 15 bis 20 letztes Buch des Autors	see

Der Autor erwähnt dieses Problem	**am Ende** **am Anfang**	seines Artikels.	at the end at the beginning

Der Autor verweist auf	**den Aspekt** **den Gesichtspunkt** **den bestimmten Fall**	auf Seiten 5 und 9.	aspect/facet point specific case

53

13 Die Sprache eines Textes analysieren

13.1 Arten der Beschreibung

In diesem Werk verwendet der Autor einen	**gehobenen** **literarischen** **umgangssprachlichen** **vulgären**	Stil.	elevated literary colloquial vulgar
Der Stil der literarischen Texte kann	**lebendig** **eindrucksvoll** **poetisch** **symbolisch**	sein.	lively impressive poetic symbolic
Die	**emotionale** **leidenschaftliche** **gekünstelte**	Sprache der Kitschromane gefällt nicht allen Lesern.	emotional passionate artificial
Die Sprache der Politiker ist oft	**ungenau.** **rhetorisch.** **gestelzt.** **deklaratorisch.**		unclear rhetorical in a stilted way declaratory
In diesen wissenschaftlichen Texten verwendet der Autor oft eine	**schlichte** **komplizierte** **genaue** **präzise**	Sprache.	plain complicated accurate precise
Der Kommentator Der Chronist	**verwendet** **benutzt** **wählt**	kurze **Phrasen**. lange **Wendungen**. unvollendete **Formulierungen**. vulgäre **Ausdrücke**.	uses phrases uses/employs phrases chooses formulations expressions
Er benutzt Wendungen	mit **vielen** **reich an** mit **zahlreichen** **ohne Stilmittel**.	**Stilmitteln**.	many rich in stylistic devices numerous without stylistic devices

54

13.2 Stilmittel

Welche Stilmittel hat der Autor in seinem Text		**angewendet**?	used/employed/adopted
		benutzt?	used/utilised
		eingesetzt?	used/applied
		verwendet?	used/employed

In dem Text sind Stilmittel wie zum Beispiel	**Euphemismus**	zu finden.	euphemism
	Hyperbel		hyperbola
	Bild		imagery
	Metapher		metaphor
	Metonymie		metonymy
	Periphrase		periphrasis
	Tautologie		tautology
	Vergleich		comparison

Der Schriftsteller verwendet	eine **Antithese**.	antithesis
	eine **Aufzählung**.	list
	eine **rhetorische Frage**.	rhetorical question
	Symbole.	symbols
	Pleonasmen.	pleonasms
	Sprache voller **Klischees**.	clichés
	verschiedene **emphatische** Ausdrücke.	emphatic

Die Bilder sind	**außergewöhnlich**.	extraordinary/remarkable
	ungewöhnlich.	unusual
	überraschend.	surprising

Der Schriftsteller will seine These	**betonen**.	emphasise
	unterstreichen.	underline
	veranschaulichen.	illustrate

Der Schriftsteller	**spielt auf** die Vergangenheit **an**.	alludes to
	vergleicht die Gegenwart **mit** der Zukunft.	compares … with

Die Ausrufe	**lassen an** starke Emotionen **denken**.	remind one of
	rufen starke Emotionen **hervor**.	envoke
	spiegeln starke Emotionen **wider**.	reflect/mirror

14 | Die Intention des Autors bestimmen

Der Autor verwendet viele Imperative, um **das Interesse** des Lesers **für** sein Werk zu		**wecken**. **gewinnen**.	arouse interest win
Der Autor	**beschreibt** **erklärt** **veranschaulicht** **macht** den Leser **aufmerksam auf** **erläutert**	die ökonomische Situation. die Ursachen.	describes explains illustrates makes … aware explains

Es ist offensichtlich, dass …
- er **für** eine Diskussion ohne Vorurteile **plädiert**. — advocates
- er **für** eine moderate Stellungnahme **Partei ergreift**. — sides with
- er **für** die Rechte der Migranten **eintritt**. — advocates/defends
- er **sich für** eine Veränderung **ausspricht**. — argues for
- er **sich auf die Seite** der Benachteiligten **stellt**. — sides with
- er **sich mit** den Außenseitern **solidarisiert**. — shows solidarity with
- er **sich zum Sprecher** der Kinder **macht**. — make oneself the spokesperson of
- er eine moderate Stellungnahme **befürwortet**. — advocates/favours
- er **für** die liberale Marktwirtschaft **ist**. — is for
- er die Idee der Meinungsfreiheit **verteidigt**. — defends
- er die These der Meinungsfreiheit **rechtfertigt**. — justifies

Er	**greift** die oppositionelle Partei **an**. **lehnt** die Gewalt **ab**. **spricht sich gegen** die Atompolitik **aus**. **verurteilt** den Terrorismus. **kritisiert** die Opposition. **widerlegt** falsche Ansichten. **bekämpft** die Kriminalität.	attacks rejects opposes condemns criticises refutes fights
Die einzige Absicht des Autors ist, die Öffentlichkeit zu	**unterhalten**. **informieren**.	entertain inform
In seinem Artikel	**appelliert** er **an** den Leser, gegen die Ungerechtigkeit zu kämpfen. **fordert** er den Leser **auf** zu reagieren. **ruft** er den Leser **zum** Widerstand **auf**.	appeals to asks/inspires calls …

Er versucht	den Leser **von** seinen Ideen **mit** seinen Argumenten	zu **überzeugen**.	to convince (of)
Er **schafft** es, Es **gelingt** ihm,			succeeds succeeds

15 | Etwas zusammenfassen

Heute	**sprachen** wir **über** **diskutierten** wir **über**	das Thema Bildungschancen für alle.	talked about/discussed discussed
Der Text,	**entnommen aus** der Zeitschrift **mit dem Titel „…"**, **der den Titel „…" trägt**, **geschrieben von** … im Jahre …,	**befasst sich mit** …	taken from the … with the title … of the title/which carries the title written by … in …
In diesem Text	**schneidet** der Autor das Thema … **an**. **verteidigt** der Autor die These, laut der … **legt** der Autor seine Meinung **dar**.		cuts to the topic/explores defends voices his/her opinions

Er **beginnt mit** der Analyse der Situation. — he begins with

Zuerst **Zu Beginn** **Am Anfang**	analysiert er erläutert er	die Situation.	at first/first at first at the beginning

Er **fährt fort**, indem er Beispiele nennt, **Dann** nennt er Beispiele, **Danach** gibt er Beispiele,	die seine Analyse	**bekräftigen**. **bestätigen**. **untermauern**.	continues then thereafter confirm/support confirm back up

Was die **Quellen angeht**, kann man Folgendes sagen: — as for the sources
Bezüglich der Quellen kann man Folgendes sagen: — with regard to/with reference to

Erstens,	sie **spiegeln** die Meinung des Autors **wider**.	first; reflect/mirror
Zweitens,	sie geben eine **widersprüchliche** Beschreibung des Themas ab.	second, contradict
Drittens,	sie **beschönigen** die Fakten mit erfundenen Details.	third, gloss over

Zuletzt erklärt er die Konsequenzen. — finally
Er endet damit, dass er die Folgen erklärt. — he ends by …
Am Ende erklärt er die These, die er in seinem letzten Artikel aufstellte. — in the end
Der Text **endet mit** einer Anekdote. — ends with

Er endet damit, dass er die allgemeine Meinung zu diesem Thema	**modifiziert**. **richtigstellt**.	modified adjust/rectify

Kurz gesagt **Zusammenfassend gesagt**	ist es schwer zu sagen, ob es eine historische Wahrheit gibt.	in short in summary

16 | Meinungen äußern

16.1 Nach der Meinung fragen

Was	**meinen** Sie zu diesem Problem?	think
	denken Sie darüber?	think
	halten Sie davon?	think
Wie **siehst** du die Sache?		see
Wie **finden** Sie das?		find

Welcher	**Meinung** / **Ansicht** sind Sie?	opinion / view /point of view
Welche **Meinung** haben Sie dazu?		opinion
Welchen **Standpunkt** vertreten Sie?		Position/view/point of view

Teilen Sie diese Meinung? — share
Sind Sie **einverstanden** mit dieser Ansicht? — do you agree
Sind Sie **derselben Meinung** wie die Autorin? — are you of the same opinon as
Sehen Sie **es genauso** wie die Autorin? — do you agree/are you of the same opinion

Begründen Sie Ihre Antwort. — justify/give reasons for

Begründen Sie Ihre Meinung, indem Sie ein
Beispiel	geben.	give examples
	verwenden.	use
	anführen.	mention/quote/use

| Welche weiteren | **Alternativen** gibt es? | alternatives |
| | **Möglichkeiten** hat man? | possibilities |

Schlagen Sie weitere Vorgehensweisen **vor**. — suggest
Wie ist Ihr **Vorschlag** für das weitere Vorgehen? — suggestion

Wie könnte man dieses Problem **lösen**? — solve
| Welche **Lösung** | könnte man | für dieses Problem finden? | solution |
| | lässt sich | | |

16.2 Eigene Meinung äußern

Ich bin der Meinung,		I am of the opinion that
Ich glaube,		I believe
Ich denke,	dass der Autor von sich selbst spricht.	I think
Ich vermute,	der Autor spricht von sich selbst.	I suppose/presume
Ich vertrete die These,		I argue the position of
Ich finde,		I find …

Eigene Meinung äußern 16.2

Meiner Meinung nach		In my opinion
Nach meiner Meinung	hat der Autor das Problem verkannt.	in my opinion
Aus meiner Sicht		from my position/point of view

Ich bin mir sicher,		I am certain
Darüber gibt es keinen Zweifel,	dass es dafür eine Lösung gibt.	there is no doubt about
Es ist klar,		it is clear that

Ich glaube nicht,	dass es von Bedeutung ist.	I do not believe
Ich denke nicht,		I do not think

Mir	**kommt** die Situation schwierig **vor**.	appear
	scheint die Situation nicht leicht.	seem
Ich **halte** die Situation **für** schwierig.		consider

Ehrlich gesagt		honestly
Offen gesagt	glaube ich nicht, dass es auch wichtig ist.	frankly
Eigentlich		actually/well

	erwähnen.	mention
Ich möchte weitere Aspekte	**anführen**.	cite
	betonen.	stress/emphasise

Man sollte nicht vergessen,		one should not
Man darf nicht vergessen,	dass …	one must not
Man muss bedenken,		one should

Ich sehe keine anderen	**Mittel**	als …	means of
	Möglichkeiten		possibilities
Ich finde keine andere	**Alternative**	als …	alternative
	Lösung		solution

Es müssen **dringend** neue Ideen gesucht werden.		urgent
Es ist	**(dringend) notwendig,**	(absolutely) necessary
	nötig,	necessary
	wichtig,	important
	(unbedingt) erforderlich,	dass wir Alternativen finden.	required (at all costs)
	unumgänglich,	inevitable
	unerlässlich,	imperative

In Wirklichkeit	geht es um neue Ideen.	in reality
In der Tat		indeed, in fact

Das Einzige,	**worauf es ankommt,**	ist der Respekt vor der Meinungsfreiheit.	that matters
	was wichtig ist,		that is important

16.3 Zustimmung und Widerspruch

Genau.	Exactly
Richtig.	Right
Das stimmt.	That's right.
Das ist wahr.	That is true.
Ja, natürlich.	Yes, of course.
Selbstverständlich.	Of course.
Du hast recht.	You are right
Ich bin deiner Meinung.	I agree with you.
Ich denke genauso.	I think the same.
Dem stimme ich zu.	I agree.

Ich **teile die Meinung** des Autors.	share the opinion
Ich **bin** mit dem Autor **einer Meinung.**	(to be) of the same opinion as
einverstanden.	agree
Ich **bin derselben Meinung wie** der Autor.	(to be) of the same opinion as
Ich **sehe** die Dinge **wie** der Autor.	see … as …
betrachte	view/regard/behold
Das sind Gründe, weshalb mich diese These **überzeugt**.	convince
ich **von** der These **überzeugt bin**.	(to be) convinced
ich diese These **für überzeugend halte**.	convincing
mir diese These **überzeugend scheint**.	seems to be convincing
Das sind **Argumente**, die mich überzeugen.	arguments/points
Ich **akzeptiere** seine Argumentation.	accept

Ja, aber …	yes, but/however
Das stimmt zwar, aber …	this is true, but/however …
Jein. *(Umgangssprachlich)*	yes and no
Diese Ansichten **teile ich nicht ganz**.	do not fully share

Das ist nicht wahr.	That's not true.
Das stimmt nicht.	That's not true.
Das ist total falsch. *(umgangssprachlich)*	That is totally wrong. *(colloquial)*
Das stimmt überhaupt nicht.	That's not true at all.
Auf keinen Fall.	Absolutely not.
Auf gar keinen Fall.	Absolutely not.
Ich bin anderer Meinung.	I disagree. /strongly disagree.
Ich bin ganz anderer Ansicht.	I am of a completely different opinion

Ich bin nicht deiner Meinung.	I disagree with you.
Ich denke nicht so.	I do not think so.
Ich denke anders.	I think differently.

Unschlüssigkeit und Gleichgültigkeit ausdrücken **16.4**

Im Unterschied zum Autor denke ich eher, dass …		in contrast to …
Dieses Argument ist nicht	**überzeugend.**	convincing
	stichhaltig.	unfounded
	genau.	clear
Diese Argumentation **überzeugt mich (gar) nicht.**		does not convince me (at all)
Diese Meinung **teile ich (überhaupt) nicht.**		I do not share (at all)
Dies gehört nicht	**zur Sache.**	beside the point
	zum Thema.	is not the point/topic
Dies **hat mit** dem Thema **(gar) nichts zu tun.**		has (absolutely) nothing to do with

16.4 Unschlüssigkeit und Gleichgültigkeit ausdrücken

Das ist mir egal.		I do not mind.
Das interessiert mich nicht.		That does not interest me.
Das betrifft mich nicht.		That does not concern me.
Das lässt mich unberührt.		I don't care either way.
Ich **habe**	diesbezüglich	**keine Meinung.**	no opinion
	dazu	**nicht viel zu sagen.**	not much to say
Ich **habe mir keine (klare) Meinung gebildet.**			I have not formed a(n) (clear) opinion
Ich **verstehe nichts von dieser Sache.**			I know nothing of this matter.
Davon habe ich keine Ahnung.			I have no idea about that.

16.5 Zusammenfassung einer Diskussion

Ich bin	**zu der Überzeugung gelangt,**	dass …	come to the conclusion that
	zu der Schlussfolgerung gekommen,		come to the conclusion that
Ich habe meine **Meinung (nicht) geändert.**			(not) changed my mind/opinion
Ich	**denke**	weiterhin, dass diese Idee absurd ist.	think
	glaube		believe
Zu diesem Thema kann man **unterschiedliche Meinungen** haben.			different opinions
Es scheint mir, dass wir	**zu (k)einer Übereinstimmung kommen.**		come to (no) consensus
	(k)eine Einigung erzielen.		reach (no) agreement
Lassen wir uns das Thema wechseln.			change the subject
Kommen wir weiter.			let's continue
Beenden wir diese Debatte.			end/close
Machen wir Schluss.			Let's finish.
Belassen wir es dabei.			Let's leave it at that.

17 | Ein Referat oder eine mündliche Präsentation halten

| Das Thema | meines **Referates**
meiner **Präsentation** | ist die Ölpest. | report
presentation |

Bei meinem Referat **handelt es sich um** die Darstellung einer Naturkatastrophe. — concerned with
Mein Referat **behandelt** die Umweltverschmutzung. — deals with
Mein Referat **handelt von** der Umweltverschmutzung. — deals with
Mein Vortrag **dreht sich um** diese Problematik. — is about …

| Mein Referat | **gliedert sich in** vier Teile.
besteht aus vier Teilen. | divided into
consists of |

| Zuerst möchte ich euch die Ursachen | **darstellen**.
erklären. | present
explain |

| **Anschließend**
Des Weiteren
Im Anschluss | werde ich über die Folgen sprechen. | then/thereafter
then/following this
following this |

Zur Begründung meiner Bemerkungen **gebe** ich ein **konkretes Beispiel**. — give a specific example
Ich zeige euch Fotos, um das Problem zu **veranschaulichen**. — illustrate/demonstrate

Es gibt drei mögliche **Schlussfolgerungen**. — conclusions
Man kann dar**aus** drei mögliche **Schlüsse ziehen**. — draw conclusions

Zum Schluss möchte ich sagen, dass es ein faszinierendes Thema ist. — to conclude
Ich möchte mein Referat mit einem **Zitat beenden**. — end with a quote
Zusammenfassend kann man sagen, dass der Autor das Problem gut erläutert hat. — in summary/to summarise

Alphabetisches Verzeichnis der deutschen Stichwörter

A

ab und zu	10
abbuchen	43
am Abend	9
aber	46
abgeleitet von	44
abgesehen davon	45
sich abheben, hob sich ab, h. sich abgehoben	32
ablehnen	56
die Ablehnung, Ablehnungen	19
auf Ablehnung stoßen, stieß, i. gestoßen	19
abnehmen, nahm ab, h. abgenommen	22, 51
das Abonnement, Abonnements	16
ein Abonnement haben, hatte, h. gehabt	16
abonnieren	16
der Absatz, Absätze	52
abschließend	51
der Absender, Absender	39
die Absenderin, Absenderinnen	39
die Absicht, Absichten	23
sich abspielen	26, 32, 36
die Achse, Achsen	49
auf der x- Achse	49
auf der y- Achse	49
die Adresse, Adressen	43
ahnen	23
keine Ahnung haben von	61
der Akt, Akte	20
einen starken Akzent haben, hatte, h. gehabt	37
akzeptieren	60
die Allegorie, Allegorien	30
alles in allem	51
allgemein	26
die Alliteration, Alliterationen	29
allmählich	13
allwissend	20
als	10
also	46
die Alternative, Alternativen	58, 59
am	9
ambivalent	14
analysieren	17
die Anapher, Anaphern	29

andererseits	46
sich ändern	12
ändern	24
anerkannt	25
am Anfang	21, 53, 57
Anfang Januar	9
anfangs	13
anführen	58, 59
die Angabe, Angaben	49
Angaben machen	49
angeben, gab an, h. angegeben	49
angenehm	24
angreifen, griff an, h. angegriffen	56
ankommen auf …, kam an, i. angekommen	59
der Anlass, Anlässe	13
sich anmelden	41
die Anrede, Anreden	39
das Anschauen	33
anschließend	10, 62
der Anschluss, Anschlüsse	62
im Anschluss	62
anschneiden, schnitt an, h. angeschnitten	57
die Ansicht, Ansichten	58
anderer Ansicht sein	60
anspielen auf	52, 55
die Ansprechpartnerin, -partnerinnen	41
der Anstieg, Anstiege	51
der Anteil, Anteile	50
einen Anteil haben, hatte, h. gehabt	50
die Antithese, Antithesen	55
antithetisch	29
ein Antonym zu … sein	44
die Antwort, Antworten	41
anwenden	55
die Anzeige, Anzeigen	16
appelieren an	56
der Applaus	27
das Argument, Argumente	60
der Artikel, Artikel	16
der Aspekt, Aspekte	45, 48, 53
die Assonanz, Assonanzen	29
geheimnisvolle Atmosphäre	36
auf einmal	11
auffallen, fiel auf, i. aufgefallen	50
auffällig	50

auffordern	56
aufführen	49
die Aufführung, Aufführungen	26
aufgehen, ging auf, i. aufgegangen	27
aufgeladen	26
aufgrund	13, 45
aufmerksam machen auf	56
Aufmerksamkeit erregen	17
die Aufnahme, Aufnahmen	35, 36
aufnehmen, nahm auf, h. aufgenommen	36
sich aufregen	25
aufrichtig	24
aufrufen zum …, rief auf, h. aufgerufen	56
aufschlussreich	52
Aufsehen erregen	19
die Aufsicht, Aufsichten	36
die Aufzählung, Aufzählungen	55
ins Auge springen, sprang, i. gesprungen	32, 50
der Augenzeuge, -zeugen	18
aus	49
der Ausblick, Ausblicke	36
lebendiger Ausdruck	33
der Ausdruck, Ausdrücke	44, 54
ausdrücken	33, 38
ausführlich	26
auskommen, kam aus, i. ausgekommen	25
die Auskunft, Auskünfte	48
Auskunft geben über …, gab, h. gegeben	48
ausmachen	50
das Ausmaß, Ausmaße	32
ausnutzen	24
die Aussage, Aussagen	18
ausschlaggebend	45
der Ausschnitt, Ausschnitte	35
das Aussehen	32, 37
aussehen, sah aus, h. ausgesehen	38
außerdem	45
das Äußere	22, 32
außergewöhnlich	55
äußern	17
sich aussprechen für/gegen, sprach sich aus, h. sich ausgesprochen	56

Alphabetisches Verzeichnis der deutschen Stichwörter

ausverkauft	16
der **Auszug**, Auszüge	16, 20
der **Autor**, Autoren	15, 52
die **Autorin**, Autorinnen	15, 52

B

bis **bald**	39
das **Balkendiagramm**, -diagramme	48
die **Ballade**, Balladen	28
basieren auf	18, 49
die **Basis**, Basen	49
der **Bedacht**	23
sich **bedanken** bei	24
bedeuten	44, 46
die gleiche **Bedeutung** wie … haben	44
bedrückt	23
beeindrucken	24
sich gegenseitig **beeinflussen**	23
beenden	61, 62
sich **befassen** mit	17
befragen	17
befürworten	56
historische **Begegnung**	12
begeistert sein von, war, i. gewesen	24
zu **Beginn**	21, 57
beginnen mit, begann, h. begonnen	12, 57
der **Begriff**, Begriffe	44
begründen	58
behandeln	17, 23, 62
der **Beifall**	27
die **Beilage**, Beilagen	15
das **Beispiel**, Beispiele	58
konkretes **Beispiel** geben	62
bekämpfen	56
bekräftigen	57
belassen	61
die **Beleuchtung**, Beleuchtungen	36
bemerkenswert	50
das **Benehmen**	23, 37
sich **benehmen**, benahm sich, h. sich benommen	25
benutzen	54, 55
der **Bericht**, Berichte	18
berichten über / von	17, 52
berücksichtigen	45
sich **berufen** auf, berief sich, h. sich berufen	18

bescheiden	24
beschönigen	57
beschreiben, beschrieb, h. beschrieben	17, 56
die **Beschreibung**, Beschreibungen	26
eine detaillierte **Beschreibung** geben, gab, h. gegeben	17
besorgt	23
sich **bessern**	14
bestätigen	57
bestehen aus, bestand, h. bestanden	21, 28, 45, 62
sich **beteiligen**	37
betonen	30, 55, 59
die **Betonung**, Betonungen	29
betrachten	45, 60
der **Betrag**, Beträge	43
betragen, betrug, h. betragen	50
der **Betreff**, Betreffe	39, 43
betreffen, betraf, h. betroffen	61
betreuen	42
bevor	10
bewegend	26
der **Beweggrund**, -gründe	45
das **Beweismaterial**, -materialien	18
bezeichnen als	44, 52
die **Bezeichnung**, Bezeichnungen	44
sich **beziehen** auf, bezog sich, h. sich bezogen	18, 44, 52
die **Beziehung**, Beziehungen	23
konfliktreiche **Beziehung**	23
harmonische **Beziehung**	23
bezüglich	57
die **Bilanz**, Bilanzen	14
das **Bild**, Bilder	31, 33, 55
ein wirklichkeitsgetreues **Bild** geben, gab, h. gegeben	17
die **Bilderfolge**, -folgen	33
bis (Konjunktion)	11
bis (Präposition)	11
der **Blick**, Blicke	32
die **Blicke** auf sich ziehen, zog auf sich, h. auf sich gezogen	32
die **Boulevardpresse**	15
der **Brauch**, Bräuche	14
die **Bühne**, Bühnen	27
das **Bühnenbild**, -bilder	27, 36
burlesk	21, 26

C

die **CD**, CDs	35
charakteristisch	33
chronologisch	21
circa	50
der/das **Comic**, Comics	31
die **Comicgeschichte**, -geschichten	33

D

da	33, 45
daher	46
damals	9
danach	10, 13, 57
Dank zollen	24
herzlichen **Dank**	40
Dankbarkeit zeigen gegenüber	24
dann	10, 13, 57
daraufhin	10
darlegen	17, 57
darstellen	17, 27, 48, 62
der **Darsteller**, Darsteller	35
darum	46
dass	33
statistische **Daten**	18
das **Datum**, Daten	43
entscheidendes **Datum**	12
dauern von … bis …	12
definieren als	44
deklaratorisch	54
anders **denken**	60
denken, dachte, h. gedacht	55, 58, 59, 60, 61
dennoch	46
der **Herausgeber**, Herausgeber	15
deshalb	46
das **Detail**, Details	32
die **Detailaufnahme**, -aufnahmen	36
deutlich	37
deutlich werden, wurde, i. geworden	18
das **Diagramm**, Diagramme	48
der **Dialog**, Dialoge	37
der **Dichter**, Dichter	28
die **Dichterin**, Dichterinnen	28
Dimensionen annehmen, nahm an, h. angenommen	45
diskontinuierlich	51
diskret	23

Alphabetisches Verzeichnis der deutschen Stichwörter

diskutierten über	57
die **Doku**, Dokus	35
der **Dokumentarfilm**, Dokumentarfilme	35
das **Dokument**, Dokumente	18
glaubwürdige **Dokumente**	18
der **Dom**, Dome	32
das **Dorf**, Dörfer	32
das **Drama**, Dramen	20
der **Dramaturg**, Dramaturgen	27
das **Drehbuch**, Drehbücher	35
sich **drehen** um	62
dringend	59
drittens	12, 45, 57
der **Druck**, Drucke	31
in der **du-Form**	20
eine **Dummheit** machen	25
eher **durch** … als durch …	45
durchblättern	16
durchlaufen, durchlief, h. durchlaufen	13
dürfen, durfte, h. gedurft	59

E

Echo finden, fand, h. gefunden	19
egal	61
egoistisch	25
ehrgeizig	23
ehrlich	24
ehrlich gesagt	59
die **Ehrlichkeit**	23
eigentlich	59
eindringen in …, drang ein, i. eingedrungen	17
eindrucksvoll	54
einerseits	46
einfach	29
die **Einführung**, Einführungen	17
kurze **Einführung**	17
ausführliche **Einführung**	17
eingreifen	20
die **Einheit**, Einheiten	26
(k)eine **Einigung** erzielen	61
einschätzen	18
einsetzen	55
amerikanische **Einstellung**	36
eintreten für …, trat ein, i. eingetreten	56
einverstanden	58, 60
Einzelheiten nennen, nannte, h. genannt	17
das **Element**, Elemente	29
erzählerische **Elemente**	29

die **Emailadresse**, -adressen	39
emotional	54
der **Empfänger**, Empfänger	39
die **Empfängerin**, Empfängerinnen	39
emphatisch	55
das **Ende**, Enden	9, 11
am **Ende**	11, 13, 22, 53, 57
zu **Ende** gehen, ging, i. gegangen	12
ein offenes **Ende** haben, hatte, h. gehabt	22
enden mit	12, 22, 57
energisch	24
entfernt von	34
entnehmen aus …, entnahm, h. entnommen	48, 49, 57
entscheidend	22, 45, 52
sich **entwickeln**	21
die **Entwicklung**, Entwicklungen	13, 48
die **Episode**, Episoden	21
die **Epoche**, Epochen	12
das **Ereignis**, Ereignisse	12
historisches **Ereignis**	12
erfahren, erfuhr, h. erfahren	41
Erfahrungen sammeln	42
der **Erfolg**, Erfolge	27
(unbedingt) **erforderlich**	59
das **Ergebnis**, Ergebnisse	14, 18
sich **ergeben**, ergab sich, h. sich ergeben	51
sich **erhöhen**	51
erkennen, erkannte, h. erkannt	48
erklären	17, 56, 62
erläutern	56
ernst	23
erraten, erriet, h. erraten	23
erscheinen, erschien, i. erschienen	16, 32
das **Erscheinungsbild**, -bilder	32
erschrecken	24
ersehen, ersah, h. ersehen	48
erst einmal	10
erstens	12, 45, 57
erwähnen	52, 59
erzählen über	17
der **Erzähler**, Erzähler	20
die **Erzählerin**, Erzählerinnen	20
die **Erzählung**, Erzählungen	20
die **Etappe**, Etappen	21

in **Etappen** einteilen	13
etwa	50
der **Euphemismus**, Euphemismen	55

F

die **Fabel**, Fabeln	20
die **Facette**, Facetten	45
die **Fachpresse**	15
der **Faktor**, Faktoren	45
der **Fall**, Fälle	53
auf (gar) keinen **Fall**	60
konkreter **Fall**	18
fallen, fiel, i. gefallen	27, 51
total **falsch**	60
faul	23
fehlen an	18
Fehler begehen, beging, h. begangen	25
das **Fernsehpublikum**	37
der **Fernsehzuschauer**, -zuschauer	37
das **Feuilleton**, Feuilletons	16
zentrale **Figur**	22
der **Filmabspann**, -abspanne	35
die **Filmsequenz**, -sequenzen	35
der **Filmvorspann**, -vorspanne	35
finden, fand, h. gefunden	58
fleißig	24
die **Folge**, Folgen	14, 35, 46
zur **Folge** haben, hatte, h. gehabt	14, 46
als **Folge** von	46
folgen	46, 49
folglich	46
das **Format**, Formate	32
die **Formulierung**, Formulierungen	54
fortfahren, fuhr fort, i. fortgefahren	57
die **Fotografie**, Fotografien	31
rhetorische **Frage**	55
sich **fragen**	52
sich **freuen** über	24
die **Freundlichkeit**	23
die **Freundschaft**, Freundschaften	25
Freundschaft schließen, schloss, h. geschlossen	23
die **Froschperspektive**, -perspektiven	36
führen zu	14, 46

Alphabetisches Verzeichnis der deutschen Stichwörter

G		
der **Gang**, Gänge		37
die **Gastfamilie**, Gastfamilien		41
das **Gebäude**, Gebäude		32
geben, gab, h. gegeben		58
geboren werden, wurde geboren		12
der **Gebrauch**, Gebräuche		28
das **Gedankengut**, -güter		30
das **Gedicht**, Gedichte		28
das **Gefühl**, Gefühle		30
seine **Gefühle** ausdrücken		30
im **Gegensatz** zu		51
gegenüber von		31
geheimnisvoll		26
gehoben		54
gekennzeichnet durch		12, 26
gekünstelt		54
gelingen, gelang, i. gelungen		56
das **Gemälde**, Gemälde		31
genau		54, 60, 61
genießen, genoss, h. genossen		24
das **Geräusch**, Geräusche		36
der **Gesamtzusammenhang**, -zusammenhänge		12
geschätzt		25
ein **Gesicht** machen		38
der **Gesichtsausdruck**, -ausdrücke		32
der **Gesichtspunkt**, Gesichtspunkte		53
der **Gesichtszug**, Gesichtszüge		32
das **Gespräch**, Gespräche		37
der **Gesprächspartner**, -partner		37
die **Geste**, Gesten		32, 37
gestelzt		54
gestern		9
die **Gestik**		37
gestikulieren		38
voller **Gewalt**		26
die **Gewohnheit**, Gewohnheiten		14
gewöhnlich		10
glauben		58, 59, 61
das **Gleiche** wie ...		44
sich **gliedern** in		62
grausam		25
grinsen		38
die **Großaufnahme**, -aufnahmen		36
die **Größe**, Größen		32
großzügig		24
der **Grund**, Gründe		13, 45
auf **Grund** von		13
der **Gruß**, Grüße		39
viele **Grüße**		39
liebe **Grüße**		39
die **Grußformel**, Grußformeln		39
gut		14

H		
zu tun **haben** mit		61
sich **halbieren**		50
hallo		39
halten für ..., hielt, h. gehalten		58, 59, 60
die **Haltung**, Haltungen		23, 37
handeln		23, 62
sich **handeln** um		62
mit den **Händen** sprechen, sprach, h. gesprochen		38
die **Handlung**, Handlungen		26
häufig		10
das **Hauptfach**, Hauptfächer		42
die **Hauptfigur**, -figuren		22
die **Hauptperson**, -personen		22
der **Hauptpunkt**, Hauptpunkte		48
die **Hauptrolle**, Hauptrollen		22, 35
der **Hauptschauplatz**, -plätze		26
die **Hausarbeit**, Hausarbeiten		42
der **Haushalt**, Haushalte		42
heißen, hieß, h. geheißen		44, 46, 52
der **Held**, Helden		22
heldenhaft		24
die **Heldin**, Heldinnen		22
die **Herausgeberin**, Herausgeberinnen		15
herrschen		12
hervorgehen, ging hervor, i. hervorgegangen		48
hervorheben, hob hervor, h. hervorgehoben		32, 36
hervorrufen, rief hervor, h. hervorgerufen		14, 55
die **Herzlichkeit**		23
heutzutage		14
hinter		31
im **Hintergrund**		31
hoch, höher, am höchsten		50
höflich zu		25
die **Höflichkeit**		23

eine **Höhe** von ... haben		50
der **Holzschnitt**, -schnitte		31
humorvoll		21
die **Hyperbel**, Hyperbeln		55

I		
sich **identifizieren**		20
die **Illustration**, Illustrationen		31
impulsiv		24
infolge		13
infolgedessen		46
die **Information**, Informationen		41
Informationen geben über ..., gab, h. gegeben		48
Informationen liefern über ...		48
informieren		56
die **Inszenierung**, Inszenierungen		26
auf **Interesse** stoßen, stieß, i. gestoßen		19
das **Interesse** wecken für		56
das **Interesse** gewinnen für		56
interessieren		61
das **Interview**, Interviews		35
ein **Interview** geben, gab, h. gegeben		37
interviewen		17, 37
introvertiert		23
inzwischen		10
irritieren		24

J		
jedes **Jahr**		9
einmal pro **Jahr**		16
im **Jahr(e)**		9, 13
der **Jahresschritt**, Jahresschritte		50
das **Jahrhundert**, Jahrhunderte		12
jahrhundertelang		13
jährlich		9
das **Jahrzehnt**, Jahrzehnte		12
jahrzehntelang		13
der **Journalist**, Journalisten		15
die **Journalistin**, Journalistinnen		15

K		
die **Kameraeinstellung**, -einstellungen		36
subjektive **Kameraeinstellung**		36
der **Kameramann**, Kameramänner		35
der **Kamerawinkel**, -winkel		36
das **Kapitel**, Kapitel		52

Alphabetisches Verzeichnis der deutschen Stichwörter

die **Karikatur**, Karikaturen	31
karikierend	26
die **Karte**, Karten	31
kindisch	25
die **Klangfülle**	29
klar	59
klingen	28
klipp und **klar**	18
das **Klischee**, Klischees	55
die **Klugheit**	23
der **Knoten** löst sich	22
die **Kolumne**, Kolumnen	16
komisch	26
der **Kommentar**, Kommentare	16
die **Komödie**, Komödien	20
komplex	29
kompliziert	54
der **Konflikt**, Konflikte	13
ein **Konflikt** taucht auf, tauchte auf, i. aufgetaucht	13
konfliktreich	14
die **Konsequenz**, Konsequenzen	46
der **Konsonant**, Konsonanten	29
stimmhafte **Konsonanten**	29
stimmlose **Konsonanten**	29
der **Kontext**, Kontexte	44
vom **Kontext** abhängen, hing ab, h. abgehangen	44
kontinuierlich	51
die **Konversation**, Konversationen	37
die **Körperhaltung**, -haltungen	32, 37
der **Korrespondent**, Korrespondenten	15
die **Korrespondentin**, Korrespondentinnen	15
Kraft verleihen, verlieh, h. verliehen	30
das **Kreisdiagramm**, -diagramme	48
der **Kreuzreim**, -reime	30
die **Krise**, Krisen	13
Kritik ernten	19
auf **Kritik** stoßen, stieß, i. gestoßen	19
kritisieren	18, 56
kühn	24
sich **kümmern** um	42
das **Kurvendiagramm**, -diagramme	48
kurz gesagt	57
vor **Kurzem**	9, 13
der **Kurzfilm**, Kurzfilme	35
die **Kurzform**, Kurzformen	44
die **Kurzgeschichte**, -geschichten	20
kürzlich	9
an der **Küste**	34

L

lächeln	38
im **Landesinneren**	34
die **Landschaft**, Landschaften	32
langsam	13, 51
lästig	25
im **Laufe**	12
laut	52
der **Laut**, Laute	29
sich wiederholende **Laute**	29
sich abwechselnde **Laute**	29
die **Lautmalerei**, Lautmalereien	29
lebendig	54
lebensfroh	24
lebhaft	24
die **Legende**, Legenden	20, 49
Leidenschaft	26
leidenschaftlich	54
der **Leitartikel**, -artikel	16
lenken	36
lesen, las, h. gelesen	28
der **Leserbrief**, -briefe	16
letzendlich	46
letzte	52
der **Lichteffekt**, Lichteffekte	36
lieb	39
die **Liebenswürdigkeit**	23
das **Lied**, Lieder	28
liegen, lag, h. gelegen	45, 50
linke	49
links	31
literarisch	54
lösen	58
die **Lösung**, Lösungen	58, 59
die **Lösung** finden, fand, h. gefunden	22
lustig	21
das **lyrische Ich**	30

M

manchmal	10
mangeln an	18
das **Märchen**, Märchen	20
meinen	58
die **Meinung**, Meinungen	58
jemandes **Meinung** sein	60
nach der **Meinung**	52
derselben **Meinung** sein wie	58, 60
der **Meinung** sein	58
meiner **Meinung** nach	59
nach meiner **Meinung**	59
die **Meinung** teilen	60
einer **Meinung** sein	60
anderer **Meinung** sein	60
keine **Meinung** haben	61
sich eine **Meinung** bilden	61
Meinung ändern	61
die **Meldung**, Meldungen	16
die **Menge**, Mengen	50
die **Metapher**, Metaphern	30, 55
die **Metonymie**, Metonymien	55
die **Million**, Millionen	49
die **Mimik**	32, 37
das Tragische mit dem Komischen **mischen**	21
Mitleid haben, hatte, h. gehabt	23
die **Mitte**, Mitten	49
in der **Mitte**	31, 34
Mitte des Jahres	9
das **Mittel**, Mittel	59
im **Mittelfeld**	49
mitten in	31
mittlere	49
mittlerweile	10
der **Moderator**, Moderatoren	37
modifizieren	57
die **Möglichkeit**, Möglichkeiten	58, 59
der **Monat**, Monate	9, 16
monatlich	16
innerer **Monolog**	20
montags	9
die **Moral**	20
am **Morgen**	9
morgens	9
das **Motiv**, Motive	23, 45
die **Musikalität**	29
müssen	59
mutig	24

N

nach	10
nach und **nach**	11
nachdem	10
nachdenklich	23
nachlassen, ließ nach, h. nachgelassen	22

67

Alphabetisches Verzeichnis der deutschen Stichwörter

am **Nachmittag**	9
die **Nachricht**, Nachrichten	16, 35
die **Nachrichtenagentur**, -agenturen	15
in der **Nacht** vom zu	9
nachtragend	25
die **Nahaufnahme**, -aufnahmen	36
in der **Nähe** von	31, 34
naiv	25
natürlich	60
neben	31
die **Nebenfigur**, -figuren	22
die **Nebenrolle**, Nebenrollen	35
der **Nebenschauplatz**, -plätze	26
negativ	14
der **Neologismus**, Neologismen	44
nervös	25
nett	24
Neugier wecken	17, 20
neulich	9
überhaupt **nicht**	60
mit dem Kopf **nicken**	38
niedrig	50
im **Norden**	34
nördlich	34
normalerweise	10
die **Normalsicht**, Normalsichten	36
nötig	59
notwendig	59
die **Novelle**, Novellen	20

O

von **oben**	36
obwohl	46
offen	22, 37
offen gesagt	59
oft	10
online	16
der **Ort**, Orte	26
im **Osten**	34
östlich	34

P

der **Paarreim**, -reime	30
Partei ergreifen für	56
die **Periphrase**, Periphrasen	55
die **Person**, Personen	22
in der 2. **Person**	20
die **Personengruppe**, -gruppen	32
die **Phase**, Phasen	21
in **Phasen** einteilen	13
die **Phrase**, Phrasen	54
plädieren für	56
das **Plakat**, Plakate	31
der **Platz**, Plätze	49
der **Pleonasmus**, Pleonasmen	55
plötzlich	11
das **Poem**, Poeme	28
poetisch	54
positiv	14
das **Poster**, Poster	31
die **Postleitzahl**, -zahlen	43
die **Präsentation**, Präsentationen	62
präzise	54
die **Presse**	15
lokale **Presse**	15
überregionale **Presse**	15
regionale **Presse**	15
die **Pressekonferenz**, -konferenzen	18
proben	27
problematisch	14
der **Produzent**, Produzenten	35
prognostizieren	18
die **Protagonisitin**, Protagonistinnen	22
der **Protagonist**, Protagonisten	22
eine **Protestwelle** hervorrufen, rief hervor, h. hervorgerufen	19
provozieren	19
das **Prozent**, Prozente	49
die **Psychologie**	22
das **Publikum**	27
der **Publizist**, Publizisten	15
die **Publizistin**, Publizistinnen	15

Q

das **Quartett**, Quartette	28
die **Quelle**, Quellen	18, 49, 57

R

die **Radierung**, Radierungen	31
der **Radiohörer**, Radiohörer	37
am **Rande**	34
die **Rangordnung**, Rangordnungen	49
rasant	13, 51
das **Rätsel**, Rätsel	22
Reaktionen hervorrufen, rief hervor, h. hervorgerufen	19
realistisch	26
recht haben, hatte, h. gehabt	60
rechte	49
rechtfertigen	56
rechts	31
der **(Chef)Redakteur**, (Chef)Redakteure	15
die **(Chef)Redakteurin**, (Chef)Redakteurinnen	15
direkte **Rede**	20
indirekte **Rede**	20
der **Redner**, Redner	37
sich **reduzieren**	51
das **Referat**, Referate	62
der **Refrain**, Refrains	28
in der **Regel**	10
regelmäßig	28
die **Regenbogenpresse**	15
die **Regie**	35
der **Regisseur**, Regisseure	27, 35
reich an	54
die **Reihenfolge**, Reihenfolgen	21, 49
sich **reimen**	30
relativieren	14
die **Reportage**, Reportagen	16
der **Reporter**, Reporter	15
die **Reporterin**, Reporterinnen	15
Resonanz finden, fand, h. gefunden	19
der **Rest**, Reste	14
resultieren aus	46
die **Retrospektive**	21
die **Rezension**, Rezensionen	16
rezitieren	28
rhetorisch	54
der **Rhythmus**, Rhythmen	28
richtig	60
richtigstellen	57
riskieren	24
die **Rolle**, Rollen	27
der **Roman**, Romane	20
die **Romanze**, Romanzen	28
der **Rückblick**, Rückblicke	21, 36
rückblickend	21
der **Rückgang**, Rückgänge	51
die **Ruhe**	23
ruhig	37
rund	50
die Stirn **runzeln**	38

Alphabetisches Verzeichnis der deutschen Stichwörter

S

zur **Sache** gehören	61
sagen	46
sanft	24
die **Sanftheit**	29
satirisch	26
die **Säule**, Säulen	49
das **Säulendiagramm**, -diagramme	48
schaffen	56
das **Schaubild**, Schaubilder	48
der **Schauplatz**, Schauplätze	13
der **Schauspieler**, Schauspieler	27, 35
die **Schauspielerin**, Schauspielerinnen	27, 35
die **Schauspieltruppe**, -truppen	27
scheinen, schien, h. geschienen	59, 60
das **Schema**, Schemas/ Schemata	48
der **Schlager**, Schlager	28
die **Schlagzeile**, Schlagzeilen	17
für **Schlagzeilen** sorgen	16
Schlagzeilen machen	16
schlecht	37
schlicht	29, 54
schließlich	11, 13
das **Schloss**, Schlösser	32
zum **Schluss**	11, 62
Schluss machen	61
Schlüsse ziehen aus …, zog, h. gezogen	62
die **Schlussfolgerung**, Schlussfolgerungen	62
zu der **Schlussfolgerung** kommen, kam, i. gekommen	47, 61
das **Schlusslicht**, Schlusslichter	49
schnell	37
schreiben, von/über, schrieb, h. geschrieben	17, 52, 57
der **Schriftsteller**, Schriftsteller	52
die **Schriftstellerin**, Schriftstellerinnen	52
schrumpfen	51
den Kopf **schütteln**	38
schwanken	28
sehen, sah, h. gesehen	33, 58, 60
sein für …, war, i. gewesen	56
zu **sehen sein**, war, i. gewesen	32
seit …	13
die **Seite**, Seiten	45, 52
auf der einen **Seite**	46
auf der anderen **Seite**	46
sich auf die **Seite** stellen	56
selbstverständlich	60
selten	10
sich **senken**	51
die **Sensationspresse**	15
die **Sequenz**, Sequenzen	33
die **Serie**, Serien	33, 35
servus	39
sich **sicher** sein	59
aus meiner **Sicht**	59
siehe	53
die **Silbe**, Silben	29
die **Silhouette**, Silhouetten	32
sinken, sank, i. gesunken	51
im übertragenen **Sinne**	44
die **Sitte**, Sitten	14
die **Situation**, Situationen	47
situiert	26
die **Skizze**, Skizzen	31
skizzieren	17
sobald	10
sofort	11
solange	10
sich **solidarisieren** mit	56
sollen	59
das **Sonett**, Sonette	28
sorgsam	24
die **Spalte**, Spalten	52
zu **Spannungen** kommen, kam, i. gekommen	13
spannungsvoll	26
später	10
der **Spezialeffekt**, -effekte	36
ein **Spiegelbild** sein, war, i. gewesen	30
spielen	26, 27
der **Spielfilm**, Spielfilme	35
der **Spitzenreiter**, Spitzenreiter	49
die **Sprache**, Sprachen	29
monotone **Sprache**	29
rhythmische **Sprache**	29
abwechslungsreiche **Sprache**	29
melodische **Sprache**	29
der **Sprachkurs**, Sprachkurse	41
sprachlos	24
die **Sprechblase**, Sprechblasen	33
sprechen mit, sprach, h. gesprochen	30
sprechen von / über, sprach, h. gesprochen	17, 52, 57
der **Sprecher**, Sprecher	37, 56
die **Sprecherin**, Sprecherinnen	37
sprunghaft	51
die **Spur**, Spuren	14
sich **stabilisieren**	14
der **Stabreim**, Stabreime	29
der **Stadtplan**, -pläne	31
stammen	49
einen **Stand** von … erreichen	50
der **Standpunkt**, Standpunkte	58
die **Statistik**, Statistiken	18, 48
stattfinden, fand statt, h. stattgefunden	12, 26, 32
stehen, stand, h. gestanden	45, 52
steigen, stieg, i. gestiegen	51
sich **steigern**	51
die **Steigerung**, Steigerungen	51
an erster **Stelle**	49
soziale **Stellung**	22
sterben, starb, i. gestorben	12
stetig	51
stichhaltig	61
das **Stilmittel**, Stilmittel	54
die **Stimme**, Stimmen	29
stimmen	60
ein **Streit** entwickelt sich	13
die **Strophe**, Strophen	28
die **Struktur**, Strukturen	29
im **Süden**	34
südlich	34
das **Symbol**, Symbole	30, 55
symbolisch	54
symbolisieren	33
sympathisch	37
die **Synchronisation**, Synchronisationen	35
synchronisieren	35
ein **Synonym** zu	44
die **Szene**, Szenen	20, 22, 32

T

die **Tabelle**, Tabellen	48
jeden **Tag**	9, 16
an den **Tag** kommen, kam, i. gekommen	18
tagaus, tagein	10

Alphabetisches Verzeichnis der deutschen Stichwörter

alle 14 **Tage**	16
eines **Tages**	9
die **Tagespresse**	15
die **Tageszeitung**, -zeitungen	15
täglich	9, 16
14-täglich	16
in der **Tat**	59
heldenhafte **Taten**	24
tatkräftig	24
die **Tatsache**, Tatsachen	12
die **Tautologie**, Tautologien	55
der **Teil**, Teile	21
teilen	58, 61
die **Ansichten** teilen	60
die **Tendenz**, Tendenzen	48, 51
steigende **Tendenz**	51
fallende **Tendenz**	51
das **Terzett**, Terzette	28
der **Text**, Texte	18
das **Theaterensemble**, -ensembles	27
das **Theaterstück**, -stücke	20
das **Thema**, Themen	17, 48, 61
das **Thema** anschneiden, schnitt, h. angeschnitten	52
thematisieren	17
die **These** vertreten, vertrat, h. vertreten	58
der **Titel**, Titel	17, 57
die **Totale**, Totalen	36
die **Tradition**, Traditionen	14
träge	23
tragen, trug, h. getragen	57
die **Tragödie**, Tragödien	20
vor dem **Treffen**	10
der **Trend**, Trends	48
die **Treue**	25
treulos	25
trotz	46
trotzdem	46
tschüss	39
typisch	33

U	
der **U-Bahn-Plan**, -pläne	31
zu (k)einer **Übereinstimmung** kommen	61
überfliegen, überflog, h. überflogen	16
die **Übergangszeit**, -zeiten	13
überraschen	24
überraschend	55

die **Überschrift**, Überschriften	17
überzeugen von	56, 60, 61
überzeugend	60, 61
überzeugt von	60
zu der **Überzeugung** gelangen	61
die **Übung** zum Hörverstehen	35
im **Uhrzeigersinn**	31
gegen den **Uhrzeigersinn**	31
die **Umfrage**, Umfragen	18, 49
umgangssprachlich	54
umgeben von	32
unberührt	61
undankbar	25
unerlässlich	59
unerwartet	21
ungeduldig	25
ungefähr	50
ungelöst	22
ungenau	54
ungeschickt	25
ungewöhnlich	55
unglücklich	23
unparteiisch	20
unregelmäßig	28
unschuldig	25
unsympathisch	25
von **unten**	36
unterdessen	10
unterhalten, unterhielt, h. unterhalten	56
die **Unterhaltung**, Unterhaltungen	37
untermauern	57
die **Unterredung**, Unterredungen	37
sich **unterscheiden** darin/ dadurch, unterschied sich, h. sich unterschieden	51
im **Unterschied** zu	51, 61
die **Untersicht**, Untersichten	36
zum **Unterstreichen**	18
unterstreichen, unterstrich, h. unterstrichen	55
die **Untersuchung**, Untersuchungen	18
unterteilen	28
unterteilt in	21
unumgänglich	59
die **Ursache**, Ursachen	13, 45
der **Ursprung**, Ursprünge	13, 45

V	
variationsreich	28
variieren	28
sich **verändern** in	21
Veränderungen gegenüber	48
veranschaulichen	55, 56, 62
zur **Veranschaulichung**	18
verblüffen	24
verbringen, verbrachte, h. verbracht	42
sich **verdoppeln**	50
sich **verdreifachen**	50
der **Verfasser**, Verfasser	52
die **Verfasserin**, Verfasserinnen	52
der **Vergleich**, Vergleiche	51, 55
im **Vergleich** zu	51
vergleichen mit, verglich, h. verglichen	14, 51, 55
verglichen mit	51
vergriffen	16
sich **vergrößern**	51
das **Verhalten**, Verhalten	23, 37
sich **verkleinern**	51
die **Verkleinerungsform**, -formen	44
verkörpern	23, 27
der **Verlauf**, Verläufe	21, 50
in **Verlegenheit** bringen, brachte, h. gebracht	24
der **Verleger**, Verleger	15
die **Verlegerin**, Verlegerinnen	15
vermuten	23, 58
die **Veröffentlichung**, Veröffentlichungen	49
verraten, verriet, h. verraten	38
verräterisch	25
sich **verringern**	51
der **Vers**, Verse	28
ungereimter **Vers**	30
freier **Vers**	30
die **Versammlung**, Versammlungen	37
sich **verschlechtern**	14
das **Versmaß**, Versmaße	28
verstehen, verstand, h. verstanden	61
verteidigen	56, 57
sich **verteilen** auf	50
sich **vertiefen** in	17
vertrauen	24

Alphabetisches Verzeichnis der deutschen Stichwörter

Vertrauen haben in	24
verursachen	14
verurteilen	56
sich verwandeln	21
verwenden	54, 55, 58
verwirren	24
verwundern	24
das Video, Videos	35
viel	54
vierteljährlich	16
die Vogelperspektive, -perspektiven	36
der Vokal, Vokale	29
dunkle Vokale	29
helle Vokale	29
das Volkslied, -lieder	28
vollbringen, vollbrachte, h. vollbracht	24
sich vollziehen, vollzog sich, h. sich vollzogen	21
von	49
von … bis nach	34
von … bis zum Jahr …	13, 50
vor	31
im Voraus	40
im Vordergrund	31
vorgestern	9
vorhersagen	18
vorkommen, kam vor, i. vorgekommen	59
vorletzte	52
der Vorschlag, Vorschläge	58
vorschlagen, schlug vor, h. vorgeschlagen	58
die Vorsicht	23
die Vorstellung, Vorstellungen	26
die Vorwegnahme, Vorwegnahmen	36
vulgär	54

W

wachsen, wuchs, i. gewachsen	22, 51
wagemutig	24
wählen	54
wahr	60
während	10
währenddessen	10
ein Wandel vollzieht sich, vollzog sich, h. sich vollzogen	13
der Wandteppich, -teppiche	31
der Wechselreim, -reime	30
wegen	13, 45

weil	45
weise	25
des Weiteren	62
weiterkommen, kam weiter, i. weitergekommen	61
die Wende, Wenden	22
eine spannende Wende	22
eine Wende nehmen, nahm, h. genommen	22
eine glückliche Wende	22
eine verhängnisvolle Wende	22
eine überraschende Wende	22
die Wendung, Wendungen	54
wenn	10
auch wenn	46
selbst wenn	46
der Werbespot, Werbespots	35
werden zum, wurde, i. geworden	21
der Wert, Werte	49
im Westen	34
westlich	34
wichtig	21, 22, 52, 59
widerlegen	56
widerspiegeln	30, 55, 57
sich widerspiegeln	38
widersprüchlich	57
wie	33
in Wirklichkeit	59
die Wirklichkeitsebene, -ebenen	30
jede Woche	9, 16
wöchentlich	16
die Wochenzeitung, -zeitungen	15
das Wort, Wörter	44

Z

die Zahl, Zahlen	48, 50
zahlreich	54
zählen	28
die Zärtlichkeit	23
das Zeichen	23
die Zeichnung, Zeichnungen	31
zeigen	33, 48, 51
die Zeile, Zeilen	52
die Zeit, Zeiten	26
zur damaligen Zeit	9
zur selben Zeit	10
lange Zeit	13
in der jetzigen Zeit	14
zu dem Zeitpunkt	9
der Zeitraum, Zeiträume	50

die Zeitschrift, Zeitschriften	15
die Zeitspanne, Zeitspannen	50
die Zeitung, Zeitungen	15
im Zentrum	34
das Zitat, Zitate	18, 52, 62
zitieren	17, 52
zuerst	10, 57
zufolge	52
sich zufriedengeben mit, gab sich zufrieden, h. sich zufriedengegeben	24
zulegen	51
zuletzt	57
die Zunahme, Zunahmen	51
zunehmen, nahm zu, h. zugenommen	22, 51
zurückführen auf	14
zurückgehen auf, ging zurück, i. zurückgegangen	14, 45, 51
zurückhaltend	23
zurücküberweisen, überwies zurück, h. zurücküberwiesen	43
zusammenfassen	18, 20, 47
zusammenfassend	51, 62
zusammenfassend gesagt	47, 57
zusammengefasst	51
kausaler Zusammenhang, Zusammenhänge	45
der Zuschauer, Zuschauer	27
zustimmen	60
zuvor	10
zwar	46
der Zweifel, Zweifel	59
zweitens	12, 45, 57
zwischen	34
zwischen … und …	50
zyklisch	29

Alphabetisches Verzeichnis der englischen Stichwörter

A

abate	22
about	50
above	31
absolutely not	60
strong accent	37
accept	60
accomplish heroic deeds	24
according to	52
accordingly	46
account	20
on account of	13
on that account	46
account for	50
accurate	54
act	20, 23
action	26
course of action	21
actor	27, 35
actress	27, 35
actually	59
ad	35
in addition	45
address	39, 43
address itself	30
adjust	57
adopt	55
in advance	40
advert	35
advertisement	16, 35
advocate	56
affect one another/each other	23
affection	23
aforementioned	52
afraid	23
after	10, 13
after that	10
on the afternoon of	9
afterwards	10
age	12
for ages	11
agree with	58, 60
reach (no) agreement	61
all in all …	51
all knowing	20
all the best	39
allegory	30
alliteration	29
allude to	52, 55
aloud	28
also	45

alternative	58, 59
although	46
ambitious	23
ambivalent	14
amiable	24
amount	50
amusing	21
analyse	17
anaphora	29
annoying	25
annually	9, 16
answer	41
anti-clockwise	31
antithesis	55
antithetic	29
antonym	44
anxious	23
anyhow	46
anyway	46
apart	34
apart from that	45
apathetic	25
appalled	24
be immediately apparent	32
appeal to	56
appear	16, 32, 59
appearance	22, 32, 37
applause	27
apply	55
appraise	18
appreciate	24
apprehensive	23
approximately	50
argue	17
argue the position of	58
argue for	56
argument	60
around	50
article	16
artificial	54
as	45
as long as	10
as soon as	10, 11
ask	52, 56
aspect	45, 48, 53
assembly	37
assess	18
assonance	29
astonished	24
mysterious atmosphere	36
attack	56

draw attention	32
catch the attention of	17
attitude	23
attribute to	14
audience	27
television audience	37
author	15, 52
awkward	25
on the x-axis	49

B

back then	9
in the background	31
balance	14
ballad	28
base on a survey	49
be based on	18
be of	28
be about	62
be clear	48
be for	56
be from	49
because of	13, 45
become	21
before	10
beforehand	10
begin with	12, 13, 57
beginning	45
at the beginning (of)	9, 21, 53, 57
in the beginning	13
behave	25
behaviour	23, 37
behind	31
behold	60
believe	58, 59, 61
below	31
bemused	24
best wishes	39
betray	38
between … and …	34, 50
bewildered	24
bi-monthly	16
bit by bit	11
body language	32, 37
bold	24
born on …	12
brave	24
bright	24
broach the issues of	17
browse through	16
building	32

Alphabetisches Verzeichnis der englischen Stichwörter

buoyant	24	high circulation	15	voiced consonants	29
burlesque	26	cite	53, 59	unvoiced consonants	29
but	46, 60	clear	61	silent consonants	29
bye	39	become clear	18	constantly	51

C

		be clear	59	content with	24
call	56	clearly	37	the overall context	12
calmly	23	cliché	55	continually	51
subjective camera	36	reach the climax	21	continue	57, 61
camera angle	36	represent the climax of	21	continuously	51
camera settings	36	climbe	51	contradict	57
cameraman	35	clip	35	in contrast to	61
caption	17, 49	clockwise	31	convention	14
care	61	close	61	conversation	37
careful	24	clumsy	25	convince of	56, 60, 61
carefully	23	on the coast	34	convincing	60, 61
caricature of	26, 31	colloquial	54	correspondent	15
specific case	18, 53	column	16, 49, 52	couplet	28, 30
cash on delivery	40	come from	49	courageous	24
castle	32	comedy	20	in the course of	12, 21
catch the eye	50	comic	26, 31	courteousness	23
cathedral	32	comment	16	courtesy	23
cause	13, 14, 45, 46	commercial	35	credit	43
cautious	23	company (of actors)	27	go through a crisis	13
cautiously	23	compare with	14, 55	encounter critic	19
CD	35	compared to/with	51	criticise	18, 56
in the centre of	34, 49	in comparing	51	earn criticism	19
for centuries	13	comparison	51, 55	crucial	45, 52
over the centuries	13	in comparison to	51	cruel	25
century	12	complex	29	awake curiosty	17, 20
certain	59	complicated	54	custom	14
change	12, 24, 48	composition	29	cut to the topic	57
change into	21	composure	23	cyclical	29

D

undergo a change	13	conception	26	daily	9, 15, 16
change of perspective	20	concern with	17, 61, 62	daring	24
a change occurs	21	conclude	11, 12, 62	statistical data	18
chapter	52	conclusion	51, 62	data	49
character	22	come to the conclusion	47, 61	date	12, 43
main character	22	draw conclusions	62	every day	9, 16
minor character	22	condemn	56	the day before yesterday	9
central character	22	conduct	23, 37	day in, day out	10
leading character	22	press conference	18	deal with	17, 62
characterised by	12, 26	confirm	57	dear	39
characteristic of	33	conflict emerged	13	Dear Sir or Madam	39
charge	43	conflictual	14	debit	43
pie chart	48	confront with	45	decade	12, 13
bar chart	48	confused/perplexed	24	deciding	45, 52
childish	25	come to (no) consensus	61	decisive	12, 45
choose	54	consequence	13, 14, 46	declaratory	54
chorus	28	consequently	46	decline	22, 51
chronologically	21	consider	45, 59	decrease	22, 50, 51
circa	50	consist of	21, 28, 62		

73

Alphabetisches Verzeichnis der englischen Stichwörter

defend	56, 57
define as	44
be delighted about	24
demonstrate	17, 62
denote	44
depend on the context	44
depict	17
depressed	23
derive from	44
describe	17, 56
give a detailed description of	17, 26
despite	46
detached	20
detail	32
develop	21
development	48
rapid development	13
stylistic device	54
diagram	48
dialogue	37
die in	12
differ in that …/by …	51
completely different	60
diligent	24
dimension	32
directed by	35
stage direction	26
director	27, 35
(strongly) disagree	60
discontinuously	51
discrete	23
discuss	17, 57
discussion	37
dishonest	25
dislikable	25
disloyal	25
display	17, 27, 38, 48
dispondent	23
a dispute developed	13
distressed	23
divide into	13, 21, 28, 62
divide amongst	50
credible document	18
documentary	35
double	50
there is no doubt about	59
down	23
drama	20
dramatic adviser	27
drawing	31

dubbed	35
dubbing	35
due to	13, 45
during	10
dynamic	24
E	
in the east of	34
on the edge	34
editor (editor-in-chief)	15
editorial	16
effect	46
have the same effect of	46
special effects	36
numerous elements	29
elevated	54
email address	39
embarrass	25
embody	23, 27
emotional	54
emphasis	29
emphasise	18, 30, 36, 55, 59
emphatic	55
employ	54, 55
encounter	12
encroach	20
end	9, 12, 61
come to an end	12
in the end	11, 13, 22, 57
at the end	53
end in	22
end by	57
end with	57, 62
end titles	35
open ending	22
energetic	24
engage	20
enjoy	24
enlarge	51
ensemble of artists	27
entertain	56
entity	26
envoke	55
episode	35
burlesque episode	21
farcical episode	21
epoche	12
equal	50
equate to	50
era	12
erratically	51
esteeme	25

etching	31
euphemism	55
evaluate	18
even if	46
even though	46
on the evening of	9
event	12
historical event	12
evidence	18
exactly	60
give a specific/an example	58, 62
excerpt	16, 20
exciting	26
exercise for listening comprehension	35
exist	45
explain	17, 56, 62
exploit	25
explore	57
express	17, 30, 33, 38
expression	32, 33, 37, 44, 54
exterior	22
extra	27
extraordinary	55
catch the eyes	32
eyewitness	18
F	
fable	20
face	45
make a sad face	38
facet	45, 53
fact	12
in fact	59
factor	45
fairytale	20
have faith in	24
fall	27
fall by	51
host family	41
farcical	26
too fast	37
fateful	22
favour	56
feature	16, 32
feuilleton	16
fight	56
in a figurative sense	44
figuratively	44
figure	49
give a figure	49
feature film	35

Alphabetisches Verzeichnis der englischen Stichwörter

short **film**		35
film credits		35
filmed from below		36
finally		11, 13, 57
find		58
find out		41
finish		12, 61
first		12, 45, 57
at **first**		10, 57
first of all		10
flabbergasted		24
flash forward		36
flashback		36
fly over		16
folk song		28
follow		46, 49
following this		10, 62
as **follows**		47
forecast		18
in the **foreground**		31
foresee		36
short **form**		44
abbreviated **form**		44
diminutive **form**		44
format		32
formulation		54
every **fortnight**		16
fortnightly		16
framework		21
frankly		59
frequently		10
friendship		25
frightened		24
from … **to** …		34
from … **to** the year …		50
from … **until** …		13
in **front** of		31
front-runner		49
frown		38
funny		21, 26
furthermore		45

G

gain		22
gait		37
gather experience		42
general		26
generous		24
gentle		24
gentleness		29
gesticulate		38
gesture		32, 37
get along		25
get in to		17
get upset		25
give away		38
gloomy		23
gloss over		57
go back to		14
good		14
gradual		13
gradually		11, 13
(line) **graph**		48
bar **graph**		48
graphic novel		31
show **gratitude** towards		25
greetings		39
grin		38
group of people		32
grow		22, 51
growth		51
guess		23
gullible		25
gutsy		24

H

habit		14
halve		50
handle		17
speak with the **hands**		38
happen		12
happy		22
hardworking		24
having said that		45
heading		17
headline		17
be in the **headlines**		16
make **headlines**		16
hello		39
hence		46
hero		22, 24
heroic		24
heroine		22
hi		39
hierarchy of		49
reach the **high point**		21
highlight		18, 36
hit		28
honest		24
honestly		59
honesty		23
household		42
housework		42
however		46, 60
humble		24
humorous		21
hyperbola		55

I

idea		26, 30
have no **idea** about		61
identify all of the details/ particulars		17
identify		20
illustrate		17, 55, 56, 62
as a way of **illustrating**		18
illustration		31
by way of **illustration**		18
image		32
imagery		55
immerse oneself in …		17
impatient		25
imperative		59
important		12, 21, 52, 59
impress		24
make a friendly **impression**		37
impressive		54
improve		14
impulsive		24
in		9, 13
incarnate		23
increase		50, 51
yearly **increment**		50
indeed		46, 59
indicate		48
induce		14
inevitable		59
influence		23
inform		56
inform about		48
information		41, 48, 49
give **information** about		48
provide **information** on/ about		48
innocent		25
insert		15
inspire		56
intensify		22
interest		61
generate **interest**		19
be met with **interest**		19
awake **interest**		20
arouse **interest**		56
win **interest**		56
interfere		20
in the **interior** of		34

Alphabetisches Verzeichnis der englischen Stichwörter

interlocutor	37
interval	50
interview	17, 35, 37
give an interview	37
detailed introduction	17
short introduction	17
introvert	23
investigate	17
investigation	18
invoke	18
involve in a conversation	37
irregular	28
irregularly	51
irritated	24
issuer	15

J
journal	15
journalist	15
justify	56, 58

K
key	49
kind	24
kind regards	39
kindness	23
know	61

L
lack	18
landscape	32
melodic language	29
tuneful language	29
monotone language	29
rhythmic language	29
varied language	29
diverse language	29
language course	41
last	52
last from … to …	12
later	10
laugh	38
lazy	23
leaf	16
leave	61
leed to	14
on the (far) left of	31
legend	20
lethargic	23
letter to the editor	16
lie in	45
full of life	24
lighting (effects)	36
line	52

list	55
listed	49
radio listener	37
literary	54
lively	54
main location	26
long-shot	36
look	37, 38
look after	42
look at	33
look forward	39
love	39
loyalty	25
the lyrical 'I'	30

M
made up of	28
magazine	15
main/leading character	22
make aware	56
make friends	23
make lost for word	24
manner	14
(street) map	31
mark	14
market leader	49
matter	59, 61
mean	44, 46
mean of	59
have the same meaning	44
in the meantime	10
meanwhile	10
measure	28
mass medium	15
historical meeting	12
mention	52, 53, 58, 59
metaphor	30, 55
metonymy	55
in the middle of	9, 31, 34, 49
million	49
mind	61
mirror	30, 55, 57
mirror image	30
miss	18
make a mistake	25
mix the tragic with the comic	21
moderator	37
modest	24
modify	57
on Mondays	9
internal monolgue	20
every month	9, 16

monthly	16
moral	20
in the morning	9
motive	45
moving	26
popular music	28
musical sense	29
musicality	29
must	59
mysterious	25, 26
myth	20

N
naive	25
(first person) narrator	20
near	31, 34
(absolutely) necessary	59
negative	14
neologism	44
nervous	25
nevertheless	46
news	16, 35
newspaper	15
next to	31
nice	24
last night	9
nod your head	38
normally	10
in the north of	34
be notable	50
be noteworthy	50
(absolutely) nothing	61
noticeable	50
be worth noting	50
notion	26
novel	20
now and again	10
nowadays	14
number	50
numerous	54

O
become obvious	18
occurance	12
occure	12
of course	60
often	10
omniscient	20
on 3rd March	9
on the one hand	46
on the one side of the argument	46
on the other hand	46

76

Alphabetisches Verzeichnis der englischen Stichwörter

once	10
all at once	11
online	16
onomatopoeia	29
open	22, 24, 30
opening credits	35
openly	37
opinion	58, 60
in my opinion	59
be of the (same) opinion	58, 60
no opinion	61
form a clear/an opinion	61
change my opinion	61
different opinions	61
oppose	56
opposite	31
order of	49
origin	13, 45
outline	17
on the outskirts	34
over	31

P

on page	52
paint a realistic picture	17
painting	31
daily (news)paper	15
weekly (news)paper	15
paragraph	52
part	21
contact partner	41
charged with passion	26
passionate about	24, 54
pattern	48
peak at	50
penultimate	52
percent	49
performance	26
performers	35
period	50
go through a period of transition/change	13
periodical	15
periphrasis	55
perplexed	24
in the second person	20
personify	23
put into perspective	14
phase	13, 21
photograph	31
phrase	54
picture	12, 31, 33
pity	23

pivotal	45
place	26, 49
plain	29, 54
plainly	18
subway plan	31
play	20, 27
play out in	32, 36
pleasant	24
be pleased with	24
pleonasm	55
plot	21, 26
poem	28
poet	28
poetic	54
point	53, 60
beside the point	61
main point	48
be the point	61
point of view	58, 59
polite	25
portrays	27
position	22, 58, 59
positive	14
possibility	58, 59
postcode	43
poster	31
posture	32, 37
give the power	30
precise	54
predict	18
present	17, 33, 62
presentation	62
local press	15
regional press	15
national press	15
specialised press	15
trade press	15
technical press	15
tabloid press	15
gutter press	15
yellow press	15
popular press	15
press agency	15
presume	58
print	31
printed	15
problematic	14
process	50
producer	27, 35
prolepsis	36
proportion	32, 50
props	27

protagonist	22
provoke	14, 19
provoke a wave of protest	19
prudently	23
psychology	22
public	27
publication of	49
publicist	15
be published	16
publisher	15
puzzled	24

Q

quarterly	16
quatrain	28
question	17
rhetorical question	55
questionnaire	18
quickly	37, 51
quietly	37
quote	17, 18, 52, 58, 62
revealing quote	52

R

ranking of	49
rapidly	51
rarely	10
rather from ... than through	45
reach	50
elicit a positive reaction	19
realistic	26
in reality	59
levels of reality	30
bring up the rear	49
reason	13, 45
give reasons for	58
receive an answer	39
be well received	19
recently	9, 13
recipient	39
recite	28
recognise	25, 48
recording	35
rectify	57
reduce	51
refer to	18, 44, 52
with reference to	57
refers to ... as	52
reflect	30, 38, 55, 57
reflection	30
refocus	36
refrain	28
refund the amount	43

77

Alphabetisches Verzeichnis der englischen Stichwörter

refute	56
with **regard** to	57
regard	39, 60
register	41
regular	28
rehearse	27
reign from … to …	12
reject	56
be **rejected**	19
harmonious **relationship**	23
conflictual **relationship**	23
casual **relationship**	45
relativise	14
remain	14
remarkable	55
remind of	55
reply	41
report	16, 18, 62
report on/about	17
report of/about	52
reporter	15
represent	48
required (at all costs)	59
research	18
respondent	37
have a positive **response**	19
result	14, 18
as a **result**	10, 13, 46
in **retrospect**	21
retrospectively	21
reveal	48
review	16
rhetorical	54
rhyme	30
alternating **rhymes**	30
cross **rhymes**	30
rhythm	28
rich in that …/by …	54
right	60
on the (far) **right** of	31
rise	27, 51
give **rise** to	14
risk	24
role	27
crucial **role**	22
important **role**	22
key **role**	22
lead **role**	22, 35
main **role**	35
supporting **role**	35
romance	28
root	13, 45

as a **rule**	10
S	
salutation	38
satirical	26
say	61
scene	20, 22, 32
side **scene**	26
minor **scene**	26
script	35
second	12, 45, 57
see	32, 33, 48, 53, 58
see you soon	39
see … as …	60
seem	59, 60
seldom	10
selfish	25
sender	39
cause a **sensation**	19
sense intention	23
sensibly	23
sequence of pictures	33
serie	33
series	35
serious	23
set	26, 36
set in	32
setting	27
shake your head	38
shall	59
share	58, 60
share the opinion	60
share (at all)	61
shocked	24
in **short**	57
short novel	20
short story	20
shot	36
medium **shot**	36
close-up **shot**	36
extreme close-up **shot**	36
high-angle **shot**	36
straight-on angle **shot**	36
eye-level **shot**	36
show	26, 33, 38, 48, 51, 56
shrink by	51
side	45
side with	56
sign	23
sign up	41
significant	52
silhouette	32
simple	29

since	13
sincere	24
sink by	51
situate	26
size	32
sketch	17, 31
slow	13
slowly	51
so	46
sold out	16
solution	22, 58, 59
solve	58
some	50
sometimes	10
song	28
sonnet	28
sonority	29
sound different than …	28
sound	36
sound effect	36
repetitive **sounds**	29
alternating **sounds**	29
source	13, 18
give as a **source**	49
as for the **sources**	57
sources of information	15
in the **south** of	34
spark	14
speak about	52
speaker	37
specified	49
spectator	27
direct **speech**	20
indirect **speech**	20
speech bubbles	33
speechless	24
spend	42
in **spite** of	46
spokesperson	37, 56
stabilise	14
stage	27
stage design	27
stage setting	36
staging	26
stand out	32
stanze	28
start	12
state	52
stated below	53
statement	18
statistic	18, 48
steadily	51

Alphabetisches Verzeichnis der englischen Stichwörter

step	13, 21, 50	take into consideration	45	true	60
in a **stilted** way	54	take **on** different dimensions	45	not **true** at all	60
out of **stock**	16	take **place**	12, 21, 26, 32, 36	trust	24
story	33	tale	20	have **trust** in	24
true **story**	22	talk of/about	17, 52, 57	turn	36
main **story**	21	tapestry	31	take an interesting **turn**	22
story board	33	tautology	55	tragic **turning point**	22
storyline	21	tell	48	typical for	33
straight away	11	tendency	48	typically	10
stress	29, 36, 59	tenderness	23	typify	23
strike	50	**tensions** grew	13	**U**	
structure	29	term	44	ultimately	46
study	17	in no uncertain **terms**	18	unbiased	20
stupid	25	official **text**	18	unclear	54
subject	17, 39, 43, 48	**thank** for	25	underline	55
main **subject**	42	owe **thanks**	25	underneath	31
major **subject**	42	theme	45	underpin	57
change the **subject**	61	then	10, 13, 57, 62	unexpected	21
cut to the **subject** of	52	thereafter	10, 13, 57, 62	unfaithful	25
sub-plot	21	therefore	46	unforgiving	25
subscribe	16	thereupon	10	unfounded	61
have a **subscription**	16	think	59, 60, 61	unfriendly	25
subsequently	10	third	12, 45, 57	ungrateful	25
with **subtitles**	35	body of **thought**	30	unhappy	23
succeed	56	thoughtful	23	uniform	28
success	27	**thumb** through	16	unity	26
suddenly	11	thus	46	unkind	25
suggest	58	the loose ends are **tied up**	22	unlike	51
suggestion	58	time	26	unresolved	22
sum up	20	at that particular **time**	9	unrhymed	30
summarise	18, 20, 29, 47, 51	(for) a long **time**	13	unsolved	22
in **summary**	51, 57, 62	at the present **time**	14	until	11
supervise	42	at that **time**	9	unusual	55
support	57	from **time** to time	10	urgent	59
suppose	58	at **times**	10	use	28, 54, 55, 58
surprised	24	title	17, 57	usually	10
surprising	22, 55	carry the **title**	57	utilise	55
be **surrounded** by	32	of the **title**	57	**V**	
survey	18	have **to do** with	61	value	25, 49
suspect motive	23	**topic** of	17, 48, 61	vary	28
last **syllable**	29	trace	14	venturous	24
symbol	30, 55	**trace back** to	14, 45	main **venue**	26
symbolic	54	tradition	14	vers	28
symbolise	33	tragedy	20	original **version**	35
sympathy	23	traitorous	25	video	35
synonym	44	undergo a **transition**	13	worm's-eye **view**	36
synthesis	29	transpire	48	bird's-eye **view**	36
T		**treats** with	23	close-up **view**	36
table	48	trend	48, 50	view	58, 60
take from	49, 57	rising **trend**	51	television **viewer**	37
take care of	42	falling **trend**	51	village	32
take into account	45	triple	50	vindictive	25

79

Alphabetisches Verzeichnis der englischen Stichwörter

full of violence	26	every week	9, 16	writer	28, 52
voice	29	weekly	16	written by	57
voice opinions	57	well	59	totally wrong	60
hard vowels	29	in the west of	34	**Y**	
soft vowels	29	when	10	in the year	9, 13
vulgar	54	just/a short while ago	9	yearly	9
W		wise	25	yesterday	9
wane	22	wonder	52	yours faithfully	39
be wanting	18	woodcarving	31	yours sincerely	39
warmth	23	word	44	**Z**	
in a very individual way	30	worsen	14	zipcode	43
either way	61	write of/about	17, 52		